LENNY STEINBRÜCK

Leadership Storytelling

Moderne Managementansätze

Herausgegeben von

Stefan Luppold

Band 2

Lenny Steinbrück

Leadership Storytelling

Herausgegeben von
Stefan Luppold

Edition Wissenschaft & Praxis

Bibliografische Information der Deutschen Nationalbibliothek

Die Deutsche Nationalbibliothek verzeichnet diese Publikation in
der Deutschen Nationalbibliografie; detaillierte bibliografische Daten
sind im Internet über http://dnb.d-nb.de abrufbar.

Alle Rechte vorbehalten
© 2023 Edition Wissenschaft & Praxis
bei Duncker & Humblot GmbH, Berlin
Satz: TextFormArt, Daniela Weiland, Göttingen
Druck: CPI Books GmbH, Leck
Printed in Germany

ISSN 2751-7004 (Print)
ISSN 2751-7225 (Online)
ISBN 978-3-89673-796-0 (Print)
ISBN 978-3-89644-316-8 (E-Book)

Gedruckt auf alterungsbeständigem (säurefreiem) Papier
entsprechend ISO 9706 ♾

Internet: http://www.duncker-humblot.de

Geleitwort:
Impulse und Leadership Storytelling

Auf welchen Informationen fußen Ihre Entscheidungen, was ziehen Sie an Quellen heran zur Redefinition von Unternehmensstrategien, welche Daten liegen den Innovationen Ihres Geschäftsbereiches zugrunde? Hier versammeln sich Wirtschaftsmagazine und Newsticker, reihen sich Vorträge von Experten und Auswertungen unseres Corporate Controlling aneinander, ergänzt um Marktanalysen und Geschäftsklimaprognosen.

Völlig zurecht greifen wir auf einen Mix an Ressourcen zurück, um jene Zahlen, Daten und Fakten zu erfahren, die uns beim Treffen einer möglichst rationalen Entscheidung unterstützen. Oder, was nicht selten vorkommt, beim nachträglichen Begründen einer Bauchentscheidung (die uns grundsätzlich nicht als schlechter erscheinen darf, hat man sich beispielsweise mit dem Thema wissenschaftlich beschäftigt – siehe u. a. Gerd Gigerenzer).

Die deutschsprachige Ausgabe von „Bauchentscheidungen – Die Intelligenz des Unbewussten und die Macht der Intuition" erschien 2007. Pech für jene, die nach ihrer Ausbildung oder ihrem Studium aufgehört haben, Bücher zu lesen. Die wissen das einfach nicht, woher auch. Nassim Nicholas Taleb würde hier möglicherweise sein Konstrukt vom „Black Swan" anführen, zur Erklärung dieses Wissensdefizits: Was wir wissen, dass wir es wissen; was wir wissen, dass wir es nicht wissen; was wir nicht wissen, dass wir es nicht wissen.

Doch wo anfangen, wieviel Update ist erforderlich, wir haben doch das Diplom gerahmt an der Wand hängen? Es gibt keine einfachen Antworten auf eine solch komplexe Frage. Sicher sein dürfen wir uns jedoch darüber, dass es stets neue Erkenntnisse gibt, die eine Erfahrungsbasis fortschreiben. Der Nobelpreisträger für Physik Giorgio Parisi beschreibt das in seinem Buch „Der Flug der Stare – Das Wunder komplexer Systeme" mit dem Hinweis darauf, dass in der Forschung nach und nach mehr neue Fragen auftauchen, als wir Antworten bekommen können. Das darf uns nicht davon abhalten, nach Neuem zu suchen.

Wir müssen aber entscheiden. Zeitnah und so „richtig" wie möglich. Deshalb aktualisieren wir unser Wissen (hoffentlich) immer wieder durch das Studium aktueller Fachliteratur. Ich tat dies kürzlich, indem ich mir das „Handbuch Modernes Marktforschungs-Management" von Werner Pepels besorgte, in einer überarbeiteten und ergänzten Auflage. Mühsam, bei allem Interesse, nach einem langen Arbeitstag den rund 1.200 Seiten Aufmerksamkeit zu schenken. Und die Belohnung folgt auf dem Fuße – überall dort, wo man Neues entdeckt, das dringend gebraucht wird.

Wenn Sie den Verlauf Ihres persönlichen Update-Verhaltens analysieren, dann stellen Sie fest, dass es auch von Impulsen getrieben wird. Wie etwa dem Bericht über Nobelpreisträger und deren Forschungsverdienste. Das hat bei mir vor einigen Jahren dazu geführt, dass ich mir das Buch „Nudge – Wie man kluge Entscheidungen anstößt" von Thaler und Sunstein gekauft habe. Der dort beschriebene Impuls des Nudging, des Anstupsens, soll Menschen beispielsweise dazu bringen, sich um ihre Altersversorgung zu kümmern oder sich gesünder zu ernähren. Und kaum rezipiert entstehen Ideen, wie man – in meinem Fall – Studentinnen und Studenten zum „Out-of-the-Box"-Denken anstupsen kann, Kolleginnen und Kollegen zum Überarbeiten ihrer didaktischen Konzepte und so weiter.

Nun zu diesem Buch und dem Beitrag von Lenny Steinbrück: dort finden Sie Impulse, die Ihnen in einer sehr konzentrierten Form zur Verfügung gestellt werden. Sie entscheiden dann, inwieweit dies für Ihre beruflichen Aufgaben Relevanz hat und nutzen den Anstupser zum Weiterdenken, zur umfangreicheren Recherche oder zur Diskussion in Ihrem Unternehmen.

Lenny Steinbrück liefert uns eine Abhandlung zum Thema *Leadership Storytelling* und damit wertvolle Einblicke in das, was er selbst untersucht hat: Storytelling als Instrument der Kommunikation von Führungskräften. So schön die Erkenntnis, etwas Neues für Ihr Unternehmen gefunden zu haben, auch ist – dessen Transport in die Köpfe (und Herzen) des Teams entscheidet über Erfolg oder Misserfolg. Wer, um ein letztes Fachbuch zu zitieren, „Real Time Strategic Change" von Matthias zur Bonsen gelesen hat, kann nachvollziehen was das bedeutet. Und dass die Kommunikation hier letztlich der Schlüssel zum guten schnellen Wandel ist.

„Innovation starts with an ‚I'" ist ein inspirierendes US-amerikanisches Sprichwort und beschreibt den zentralen Ausgangspunkt von Innovation: am Anfang stehen Menschen! Deren Fachwissen, Motivation und Fertigkeiten bewirken in einem kreativen Kontext Innovationen, schaffen oder sind Teil einer Innovationskultur. Das kann grundsätzlich jeder von uns; und falls Sie das noch nicht tun: auch Sie, als Leserin oder Leser dieses Buches!

Florian Rustler hat bereits im Jahr 2014 in einer ersten Ausgabe „Denkwerkzeuge der Kreativität und Innovation" vorgestellt – als kleines Handbuch der Innovationsmethoden. Dass dieses handliche Brevier heute bereits in einer 12. Auflage vorliegt steht dafür, dass Stillstand Rückschritt bedeutet, dass wir mit einem Erkenntnisgewinn rechnen müssen (oder dürfen?) und dabei jedoch Offenheit für Veränderungen nicht Entscheidungen (unter Unsicherheit, da die Parameter ja irgendwann andere sein werden!) verhindern darf. Ohne eine erste gäbe es keine zweite, ohne eine 11. keine 12. Auflage.

Möglicherweise beginnen Sie mit dieser oder einer anderen Publikation wieder das permanente Mitführen von Lesestoff zum situativen Konsum: Der verspätete Flug, die kurze Taxifahrt oder das Warten auf den Cappuccino im Stammlokal. Ich habe das als Schüler getan (natürlich nicht am Flughafen oder im Taxi) und mein

Vokabelheft griffbereit gehabt, ein Wort mehr am Tag zu lernen bedeutet doch immerhin eine Erweiterung des Sprachschatzes von 365 Wörtern pro Jahr.

Wenn wir Veränderungen betrachten, dann erfordert dies immer auch ein gewisses Maß an Abstraktionsvermögen. *Leadership Storytelling* mag auf den ersten Blick interessant, jedoch nicht passend für Herausforderungen Ihres Corporate Marketing sein. Es wird Ihnen jedoch, bei einem zweiten Blick, Handlungsaspekte liefern und Bestandteil von etwas werden, das man Gefüge nennen mag:

„Ein Gefüge ist künstlich, aber auch kunstvoll. Auf jeden Fall aber verwirrend und nicht auf Anhieb zu durchschauen", beschreiben es Roland Kaehlbrandt und Walter Krämer in ihrem „Lexikon der schönen Wörter". Die Wahrnehmung, das Erkennen von Impulsen wird sich dann schon fügen…

Ich wünsche Ihnen einige gute Momente beim Lesen, danke dem Verlag Duncker & Humblot für seine Unterstützung (hier insbesondere Lisa Wötzel und Dr. Andreas Beck) sowie Lenny Steinbrück für das produktive Miteinander.

Kißlegg, im Herbst 2023 *Prof. Stefan Luppold*

Literaturverzeichnis

Gigerenzer, G. (2008): Bauchentscheidungen. Die Intelligenz des Unbewussten und die Macht der Intuition, 4. Auflage, München: Goldmann.

Kaehlbrandt, R./*Krämer*, W. (2020): Lexikon der schönen Wörter, München: Piper.

Parisi, G. (2022): Der Flug der Stare. Das Wunder komplexer Systeme, Frankfurt a. M.: S. Fischer.

Pepels, W. (2022): Handbuch Modernes Marktforschungs-Management, 3. Auflage, Berlin: Duncker & Humblot.

Rustler, F. (2023): Denkwerkzeuge der Kreativität und Innovation. Das kleine Handbuch der Innovationsmethoden, 12. Auflage, Zürich: Midas.

Taleb, N. N. (2007): The Black Swan, London: Penguin.

Thaler, R. H./*Sunstein*, C. R. (2017): Nudge. Wie man kluge Entscheidungen anstößt, 7. Auflage, Berlin: Ullstein.

Zur Bonsen, M. (2008): Real Time Strategic Change. Schneller Wandel mit großen Gruppen, Stuttgart: Schäfer-Poeschel.

Inhaltsverzeichnis

1. Der Diskurs um den Stellenwert des Leadership Storytellings im Kontext des Wandels 15

2. Theoretischer Teil – Definitorische und konzeptionelle Grundlagen des Beitrags   18

    2.1 Hinführung 18

    2.2 Begriffsbestimmungen und deren wissenschaftliche Einordnung 18

       2.2.1 Leadership 18

       2.2.2 Storytelling und Leadership Storytelling 20

       2.2.3 Sensemaking 25

       2.2.4 Unternehmensinterne Kommunikation 27

       2.2.5 Changemanagement 28

       2.2.6 Leadership Storytelling als Sensemaking-Strategie im unternehmensinternen Changemanagement 31

    2.3 Aktueller Forschungsstand zu Leadership, Storytelling und Changemanagement   33

       2.3.1 Die transformationale Führung als Wegweiser für Unternehmens- und Führungserfolg 33

       2.3.2 Aktueller Forschungsstand zum Thema Storytelling 34

       2.3.3 Aktuelle Aspekte des Changemanagements 36

       2.3.4 Emotionen als zentrales Element im Leadership Storytelling in Changeprozessen 38

    2.4 Bezugsmodelle und -theorien zur Erklärung von Leadership, Storytelling, Sensemaking und Changemanagement 39

       2.4.1 Erzähltheorie und -paradigma (Narrative Paradigm Theory) 39

       2.4.2 Vier Prinzipien einer guten Geschichte nach Denning 41

       2.4.3 Suspense, Surprise und der klassische Spannungsbogen nach Lessing und Hitchcock 45

       2.4.4 Typen des Story Sensemakings und der Erzählung 46

       2.4.5 Acht-Stufen-Modell nach Kotter 49

       2.4.6 Die vier I's – Prinzipien der transformationalen Führung 50

    2.5 Zwischenfazit 51

Inhaltsverzeichnis

3. Empirischer Teil – Untersuchung von Merkmalen, Potenzialen und Herausforderungen des Leadership Storytellings 53

    3.1 Fragestellungen und methodisches Vorgehen 53

        3.1.1 Zielsetzung und Aufbau der empirischen Untersuchung 53

        3.1.2 Leitfadengestütztes Experteninterview 54

        3.1.3 Kriterien der Expertenwahl 56

        3.1.4 Leitfaden 57

        3.1.5 Durchführung 58

    3.2 Ergebnisdarstellung 60

        3.2.1 Kurzportrait der Experten 60

        3.2.2 Transkriptionsregeln 62

        3.2.3 Paraphrasierung und Kodierung 62

            3.2.3.1 Definitionsansätze des Leadership Storytellings aus theoretischer und praktischer Sicht 63

            3.2.3.2 Merkmale des Leadership Storytellings aus Sicht der Experten 65

            3.2.3.3 Potenziale des Leadership Storytellings aus Sicht der Experten 68

            3.2.3.4 Herausforderungen des Leadership Storytellings aus Sicht der Experten 70

4. Diskussion der gewonnenen Erkenntnisse aus den Experteninterviews 72

    4.1 Limitationen des Forschungsbeitrags 72

    4.2 Praktische Handlungsempfehlungen 73

    4.3 Theoretische Handlungsempfehlungen 79

    4.4 Handlungsempfehlungen für zukünftige Forschung 80

5. Fazit und Ausblick 83

Anhang

Anhang 1: Das Acht-Stufen-Modell nach Kotter 85

Anhang 2: Interviewleitfaden 86

Anhang 3: Übersicht der Anhaltspunkte hinsichtlich einer Storytelling-Definition 89

Anhang 4: Übersicht der Transkriptionsregeln 90

Anhang 5: Datenstruktur der Interviewauswertung zu Potenzialen des Leadership Storytellings 90

Anhang 6: Datenstruktur der Interviewauswertung zu Herausforderungen des Leadership Storytellings 101

Literaturverzeichnis 113

Sachwortverzeichnis 123

Tabellen- und Abbildungsverzeichnis

Tabelle 1:	Übersicht ausgewählter Definitionen von Story und Storytelling	21
Tabelle 2:	Anwendungsmöglichkeiten des Storytellings in Unternehmen	25
Tabelle 3:	Eckdaten der Experteninterviews	59
Tabelle 4:	Interviewauswertung I – Merkmale des Leadership Storytellings	66
Tabelle 5:	Datenstruktur der Interviewauswertung zu Potenzialen des Leadership Storytellings	68
Tabelle 6:	Datenstruktur der Interviewauswertung zu Herausforderungen des Leadership Storytellings	70
Tabelle 7:	Interviewleitfaden	86
Tabelle 8:	Übersicht der Anhaltspunkte hinsichtlich einer Storytelling-Definition	89
Tabelle 9:	Transkriptionsregeln	90
Tabelle 10:	Interviewauswertung II – Potenziale des Leadership Storytellings	90
Tabelle 11:	Interviewauswertung III – Herausforderungen des Leadership Storytellings	101
Abbildung 1:	Klassischer Spannungsbogen nach Lessing und Hitchcock	46
Abbildung 2:	Beispiel eines Fragmented Retrospective Narratives	47
Abbildung 3:	Das Acht-Stufen-Modell nach Kotter	85

Abkürzungsverzeichnis

ASTM	American Society for Testing Materials
BME	Before, Middle, End
bspw.	beispielsweise
bzw.	beziehungsweise
ca.	circa
com	commercial
DAX	Deutscher Aktien Index
D.C.	District of Columbia
EBSCO	Elton Bryson Stephens Company
E-Mail	Electronic Mail
engl.	Englisch
Erg.-Lfg.	Ergänzungslieferung
et al.	et alii
f.	folgende
ff.	fortfolgende
ggf.	gegebenenfalls
GWV	Gruppe Württembergischer Verleger
H	Handlungsempfehlung
HR	Human Resource
Hrsg.	Herausgeber
IBM	International Business Machines Corporation
IK	Interne Kommunikation
insp.	inspiriert
IT	Information Technology
JAI	Journal of ASTM International
Jg.	Jahrgang
KI	Künstliche Intelligenz
MA	Mitarbeiter
MP3	MPEG-1 Audio Layer 3
MPEG	Motion Picture Expert Group
No.	Number
Nr.	Nummer
o.J.	ohne Jahreszahl
o.O.	ohne Ort
o.S.	ohne Seitenzahl
PC	Personal Computer
PDF	Portable Document Format
PR	Public Relations
Prof.	Professor
S.	Seite
SKO	Schweizer Kader Organisation

St.	Sankt
TQM	Total Quality Management
u. a.	unter anderem
US	United States
v. Chr.	vor Christus
vgl.	vergleiche
Vol.	Volume
VS	Verlag für Sozialwissenschaften
vs.	versus
VUKA	Volatilität, Unsicherheit, Komplexität und Ambivalenz
WMO	What Makes Organizations
Z.	Zeile
z. B.	zum Beispiel
zit.	zitiert

1. Der Diskurs um den Stellenwert des Leadership Storytellings im Kontext des Wandels

Storytelling wird häufig als *Buzzword*[1] bezeichnet – ein Begriff, welchem eine negative Konnotation zugesprochen werden kann, da unter ihm verschiedene Schlagwörter definiert werden, die als kurzlebiges, nicht nachhaltiges Phänomen beschrieben werden können. Fog und Kollegen beschreiben Storytelling hingegen als „Produkt der Zeit"[2], welches tiefere, geschichtlich geprägte Wurzeln hat. Es hat Berührungspunkte mit etwas Vertrautem – der Narration – und trägt darüber hinaus zu einem neuen Bewusstsein bei, was dem Ausdruck einen festen Platz im Wortschatz vieler Menschen verschafft.[3] Beobachtungen des Verfassers lassen darauf schließen, dass Storytelling als rhetorische Technik in Unternehmen wenig genutzt wird. Pein sieht Kommunikation für Führungskräfte im Allgemeinen als größte Herausforderung in einem durch Corona geprägten Umfeld an.[4] Für den Verfasser stellt sich daher die Frage nach der Bedeutung und Nutzungsintensität des Leadership Storytellings in der heutigen Zeit.

In der Epoche der *Großen Depression*[5] zeigte der weltweit florierende *Walt Disney*-Konzern auf eindrucksvolle Weise, welche Wirkungskraft Storytelling entfalten kann. Fiktive Charaktere des Konzerns wie die *Mickey Maus* vermittelten, wie Stories in Krisenzeiten bei Menschen Sinn stiften sowie Zuversicht und Optimismus schaffen können.[6] Boje beschreibt nicht nur Unternehmen wie *Walt Disney* als *Storytelling Organization*, sondern generalisiert jedes Unternehmen als eine durch Geschichten geprägte Institution. Auch der örtliche Baumarkt gedeihe oder vergehe durch die Narrative und Geschichten, die von dessen Mitarbeitern[7] und Kundschaft erzählt werden.[8] Erzählen ohne Storytelling scheint demnach nahezu unmöglich zu sein. Umso gravierender wäre demzufolge das Außerachtlassen die-

---

[1] Eigennamen, Fachbegriffe, Anglizismen und wichtige Aspekte können in diesem Beitrag zu Zwecken der besseren Lesbar- oder Verständlichkeit durch kursive Schrift hervorgehoben bzw. gekennzeichnet sein.
[2] Fog et al., 2010, S. 8.
[3] Vgl. Fog et al., 2010, S. 8.
[4] Vgl. Pein, 2020, o. S.
[5] Unter der *Großen Depression* (1929 bis 1939) wird die bisher längste ökonomische Abschwung-Phase in der westlichen Welt verstanden. Vgl. Salicru, 2018, S. 134.
[6] Vgl. Salicru, 2018, S. 134.
[7] Aus Gründen der besseren Lesbarkeit wird in diesem Beitrag das generische Maskulin verwendet. Damit sind alle Geschlechter gleichermaßen gemeint.
[8] Vgl. Boje, 2008, S. 4.

ser durch Storytelling hervorgerufenen positiven Wirkungen. Leadership-Forscher[9] sehen Storytelling als wichtiges Mittel an, um als Führungskraft Einfluss gegenüber Mitarbeitern auszuüben. Dieser Einfluss kann beispielsweise dazu genutzt werden, starke Visionen zu schaffen, welche dabei helfen können, den zukünftigen Zustand eines Unternehmens vorstellbar zu machen und folglich auch zu konstruieren. Dieser Prozess des Visionen-Konstruierens wird zum Teil durch Mitarbeiter selbst vorangetrieben, indem diese komplexen Ereignissen im Unternehmen einen Sinn geben.[10] Für Forscher ist Leadership Storytelling unter anderem deshalb ein kraftvolles Werkzeug in der Kommunikation,[11] da mittels dieser Methodik neben Wissen auch Emotionen vermittelt werden.[12] Diese spiegeln zum einen Authentizität wider und zum anderen helfen sie auf diesem Wege zugleich Vertrauen aufzubauen.[13] Als Leader das Vertrauen der Mitarbeiter zu gewinnen, ist vor allem in der heutigen komplexen, sich schnell verändernden Unternehmenswelt, welche von ökonomischen Unsicherheiten geprägt ist, wichtig.[14] Eine Umgebung, die von schnellem Wandel geprägt ist, wird durch sich kontinuierlich ändernde Erwartungen – etwa aufgrund von Regulation oder disruptiven Technologien[15] – hyperkompetitiv.[16,17] Dies führt dazu, dass konventionelle Lösungen ihre Wirkungskraft verlieren. Informationen sind schnell inakkurat, obsolet oder gar nicht erst verfügbar.[18] In einem solchen, von Unsicherheit geprägten Umfeld müssen Organisationen[19] einen kontinuierlichen Veränderungsprozess anstoßen, um bestehen und sich weiterentwickeln zu können.[20] Bei ebensolchen Veränderungsprozessen habe Leadership Storytelling ein großes ungenutztes Potenzial.[21] Für Führungskräfte ist es wichtig, über umfassende Kenntnisse zu den Anwendungsfeldern von Stories zu verfügen, um diese zweckmäßig nutzen zu können. Salicru zufolge geht es beim Storytelling weniger um das Streben nach der wissenschaftlichen Wahrheit, sondern um das Kreieren

---

[9] In diesem Beitrag werden die Begriffe Leadership und Führung als Übersetzung ins Deutsche inhaltlich kongruent verwendet, ebenso die Begriffe Leader und Führungskraft.
[10] Vgl. Watts et al., 2018, S. 1 ff.
[11] Vgl. Mládková, 2013, S. 84.
[12] Vgl. Snowden, 1999, S. 30 ff.; Zhang, 2020, S. 415.
[13] Vgl. Lee/Jahng, 2020, S. 14.
[14] Vgl. Salicru, 2018, S. 130 ff.
[15] Disruptive Technologien stellen neue Technologien dar, die alte obsolet, also überflüssig machen. Vgl. Shamiyeh, 2014, S. 12.
[16] Hyperkompetitiv bezeichnet einen Wettbewerbszustand, in dem die Wettbewerbsintensität schnell zunimmt und die Zeiten, in denen die Unternehmen Wettbewerbsvorteile nutzen können, kürzer werden. Vgl. Bogner/Barr, 2000, S. 212.
[17] Vgl. Porter/McLaughlin, 2006, S. 559 ff.
[18] Vgl. Salicru, 2018, S. 130 f.
[19] Aufgrund der Ähnlichkeit in der Bedeutung wird in diesem Beitrag der Begriff Organisation im Sinne von Unternehmen verwendet. Die innere Organisation einer Personengruppe sorgt für eine optimale Aufgabenverteilung und Vernetzung von Individuen, was wiederum das wesentliche Element des Konstruktes Unternehmen ist. Vgl. Kette, 2018, S. 1 ff.
[20] Vgl. Kleingarn, 1997, S. 94.
[21] Vgl. Denning, 2021, S. 26 ff.

von plausiblen Zusammenhängen.²² Dies impliziert auch Herausforderungen im Leadership Storytelling, da es zu vermeiden gilt, dass Stories einen manipulativen Charakter erhalten.²³ Um Fehler im Leadership Storytelling zu vermeiden, ist eine Analyse der Herausforderungen im Entwickeln und Erzählen von Stories von besonderer Bedeutung, um die daraus gewonnenen Erkenntnisse zur Verfolgung langfristiger Unternehmensziele berücksichtigen zu können. Aufgrund des Zwiespaltes zwischen der Betrachtungsweise hinsichtlich des Storytellings als Modeerscheinung²⁴ und dem nachgesagten positiven Nutzen, bspw. für eine authentische Leadership-Kommunikation in Veränderungsprozessen,²⁵ bleibt die Frage nach der tatsächlichen Relevanz, welche Leadership Storytelling heutzutage haben könnte. Groß- und mittelständische Unternehmen sind für diese Untersuchung von besonderem Interesse, da aus Sicht des Autors in jenen Unternehmensgrößen Stories starken Skaleneffekten unterliegen könnten: eigenen Beobachtungen zufolge besteht auf und zwischen einzelnen Mitarbeiterhierarchien eine komplexe Kommunikationsstruktur, die es als Leader stets in eine positive Richtung zu lenken gilt.

Um herauszufinden, welchen Stellenwert Storytelling als interne Führungspraxis im Changemanagement Groß- und mittelständischer Unternehmen hat, ist ein Vergleich des Status quo der Leadership Storytelling-Forschung mit der Anwendung von Leadership Storytelling in der Praxis unerlässlich. Zum besseren Verständnis, wie Geschichten wirken und was sie beinhalten müssen – oder auch nicht beinhalten müssen – wurde der Theorieteil um zwei essenziell wichtige Aspekte ergänzt: die unternehmensinterne Kommunikation und Sensemaking. Ferner wird der Zusammenhang zwischen der Güte der Führungskompetenz eines Leaders und dessen Fähigkeit, wirkungsvolle Stories zu erzählen, untersucht. Wenn die Fähigkeit, gute Geschichten zu erzählen, von Grund auf erlernbar ist, dann ist die Auseinandersetzung mit Herausforderungen und der Best-Practice des Storytellings für Führungskräfte besonders interessant. Und schließlich kann ein gutes Verständnis über Merkmale einer Geschichte dabei helfen, bessere Stories zu kreieren. Die Analyse der Potenziale des Leadership Storytellings zeigt zudem, wie vielseitig Geschichten in Unternehmen eingesetzt werden können. All diese Aspekte werden in diesem Forschungsbeitrag umfangreich betrachtet. Dabei wird klar aufgezeigt, wie bei der Befragung von sieben Experten methodisch vorgegangen wurde und welche Rückschlüsse aus den Aussagen in den Interviews gezogen werden konnten.

---

²² Vgl. Salicru, 2018, S. 133.
²³ Vgl. Auvinen et al., 2012, S. 415 ff.
²⁴ Vgl. Fog et al., 2010, S. 8.
²⁵ Vgl. Van Wart, 2013, S. 560; Salicru, 2018, S. 130 ff.

2. Theoretischer Teil – Definitorische und konzeptionelle Grundlagen des Beitrags

2.1 Hinführung

„Das Ganze ist mehr als die Summe seiner Teile" – Aristoteles[26]

Das Thema Leadership Storytelling stellt in vielerlei Hinsicht ein Mehrwert-Thema dar. Bereits die beiden Begriffe Storytelling und Leadership sind eigenständige Forschungsfelder, welche zusammen ein stark spezialisiertes Feld ergeben. Im nachfolgenden theoretischen Teil werden die Themenbereiche Leadership, Storytelling, Changemanagement, Sensemaking und die unternehmensinterne Kommunikation anhand einer subjektiven Gewichtung mit unterschiedlicher Intensität behandelt. So sind die Begriffsbestimmungen von Sensemaking und der unternehmensinternen Kommunikation bspw. für das allgemeine Verständnis wichtig, eine Fokussierung auf diese beiden Wissenschaftsfelder hinsichtlich des aktuellen Forschungsstandes ist nicht von primärer Wichtigkeit. Dennoch sind die Forschungsgebiete immer im ganzheitlichen Kontext und nie losgelöst voneinander zu betrachten. Schließlich bestehen unzählige Synergien zwischen den einzelnen Themenbereichen dieses Beitrags.

2.2 Begriffsbestimmungen und deren wissenschaftliche Einordnung

2.2.1 Leadership

Der Begriff Leadership, abgeleitet vom englischen Verb „lead", geht auf das altenglische Wort „lithan" zurück. „Lead" wird mit gehen bzw. reisen übersetzt. Die altenglische Begrifflichkeit „lithan" ermöglicht es den Ausdruck Leadership genauer zu definieren. Er kann allgemein mit vorangehen oder dem Übertreten einer Schwelle mit dem Ziel neues Terrain zu betreten übersetzt werden.[27] Hinterhuber und Krauthammer beschreiben Leadership als eine spontane und natürliche Fähigkeit zur Erschließung und Umsetzung neuer unternehmerischer Möglichkeiten, da-

---

[26] Aristoteles, o. J., o. S. Verkürztes Zitat.
[27] Vgl. Lutschewitz, 2020, S. 3.

mit sich die Beschäftigten mit Begeisterung für kollektive Ziele einsetzen, welche der Organisation dienen.[28] Mittels Leadership sollen Mitarbeiter motiviert werden, um daraus resultierend Veränderungsprozesse im Unternehmen in Gang zu setzen, welche wiederum Werte für die Kunden der Organisation schaffen.[29] Weiterhin führen Hinterhuber und Krauthammer aus, dass es das Ziel des Leaderships ist, mit dem Realisieren kurzfristiger Ergebnisse gleichzeitig die Organisation langfristig zu stärken.[30] Lutschewitz sowie Hinterhuber und Krauthammer kommen zu der Erkenntnis, dass Leadership für das Inspirieren und Motivieren von Mitarbeitern steht. Nicht ausschließlich Menschen sollen mittels Leadership in die Zukunft geführt werden, sondern mit den Beschäftigten ebenso das Unternehmen.[31] Ancona beschreibt Leadership mit weniger Detailgrad als Hinterhuber und Krauthammer, als einen Wandel schaffenden Prozess.[32] Die Leader spielen in diesem Prozess eine zentrale Rolle. Und diese Rolle kann darin bestehen, den Mitarbeitern eine Umgebung zu schaffen, die sie ermächtigt, Veränderungen innerhalb eines Unternehmens zu bewirken.[33] Die Essenz des Leaderships ist es, als Führungskraft den Mut aufzubringen, sich von bewährten Lösungsansätzen aus der Vergangenheit loszusagen, sofern es die aktuellen Gegebenheiten erfordern, um zukünftige Erfolgschancen nutzen zu können.[34] Lutschewitz spricht aufgrund der notwendigen charakterlichen Eigenschaften eines Leaders von einer Führungspersönlichkeit anstelle einer Führungsperson.[35] Ancona beschreibt vier Fähigkeiten, die ein erfolgreicher Leader vorweisen muss. Die folgenden vier Erfolgsfaktoren müssen seiner Meinung nach ständig von Leadern berücksichtigt und angewandt werden, um die Organisation zum dauerhaften Erfolg zu führen.[36]

– *Sensemaking* (Sinnfindung): Dieser Begriff kann als gedanklicher Prozess von einer Person oder Gruppe aus Individuen beschrieben werden, mittels dem Erlebnisse in einen sinnvollen Zusammenhang gebracht werden.[37]

– *Relating* (Beziehung): Der Aufbau guter zwischenmenschlicher Beziehungen innerhalb des Unternehmens und zu Mitarbeitern externer Organisationen ist für den Leader eine weitere wichtige Fähigkeit.[38]

– *Visioning* (Visionen schaffen): Der Leader hat die Gabe als auch Kompetenz, seine Mitarbeiter mit überzeugenden Zukunftsvisionen zu motivieren und arbeitet

---

[28] Vgl. Hinterhuber/Krauthammer, 2015, S. 13 f.
[29] Vgl. Hinterhuber/Krauthammer, 2015, S. 13 f.
[30] Vgl. Hinterhuber/Krauthammer, 2015, S. 177.
[31] Vgl. Hinterhuber/Krauthammer, 2015, S. 13 f.; Lutschewitz, 2020, S. 4.
[32] Vgl. Ancona, 2005, S. 1; Hinterhuber/Krauthammer, 2015, S. 12.
[33] Vgl. Ancona, 2005, S. 1.
[34] Vgl. Hinterhuber/Krauthammer, 2015, S. 11 ff.
[35] Vgl. Lutschewitz, 2020, S. 4.
[36] Vgl. Ancona, 2005, S. 2 ff.
[37] Vgl. Weick, 1995, S. 4 ff.
[38] Vgl. Ancona, 2005, S. 2.

kontinuierlich daran, dass die Mitarbeiter den Sinn in ihrer Arbeit verinnerlichen können.[39]

– *Inventing* (Erfinden): Hierbei gilt es neue Prozesse und Strukturen für eine Zusammenarbeit zu schaffen, um eine Vision in der Realität umsetzen zu können.[40]

Nach der Auffassung von Ancona gehört die *Change Signature* neben den vier Fähigkeiten Sensemaking, Relating, Visioning und Inventing zu den Erfolgskriterien eines Leaders. Unter *Change Signature* versteht Ancona die charakteristische Art und Weise[41] auf die der Leader die vier Fähigkeiten anwendet.[42] Hinterhuber und Krauthammer beschreiben Leadership als die

„[…] natürliche und spontane Fähigkeit, Mitarbeiter anzuregen, zu inspirieren und sie in die Lage zu versetzen, neue Möglichkeiten zu entdecken und umzusetzen sowie sich freiwillig und begeistert für die Verwirklichung gemeinsamer Ziele einzusetzen."[43]

Der Verfasser verwendet den Begriff Leadership im weiteren Verlauf des Beitrags im Sinne der folgenden Definition, basierend auf den Auffassungen und Definitionsansätzen der Autoren Ancona, Hinterhuber und Krauthammer und Lutschewitz:

Leadership ist die Fähigkeit einer Führungspersönlichkeit[44] Mitarbeiter und Unternehmen unter dem Einsatz von Sensemaking, Relating, Visioning und Inventing[45] Veränderungsprozesse in Gang zu setzen und die Organisation mit langfristigem Erfolg in die Zukunft zu führen.[46]

2.2.2 Storytelling und Leadership Storytelling

Für Storytelling, ins Deutsche mit Geschichtenerzählen[47] übersetzbar, gibt es verschiedene Definitionsansätze.[48] Im Folgenden ist eine Auswahl an Definitionen für die Begriffe Story bzw. Storytelling aufgelistet, um die Vielfalt an Erklärungsmöglichkeiten aufzuzeigen und im Anschluss Gemeinsamkeiten und Unterschiede herausstellen zu können.

---

[39] Vgl. Ancona, 2005, S. 3.
[40] Vgl. Ancona, 2005, S. 3.
[41] Ein Beispiel für die charakteristische Art und Weise eines Leaders kann der Einsatz einer bildhaften Sprache oder ein charismatisches Auftreten sein.
[42] Vgl. Ancona, 2005, S. 3 f.
[43] Hinterhuber/Krauthammer, 2015, S. 13.
[44] Vgl. Lutschewitz, 2020, S. 4.
[45] Vgl. Ancona, 2005, S. 2 f.
[46] Vgl. Hinterhuber/Krauthammer, 2015, S. 14 ff.
[47] Vgl. Pons, 2022a, o. S.
[48] Vgl. Mládková, 2013, S. 84.

Tabelle 1
Übersicht ausgewählter Definitionen von Story und Storytelling

Quelle	Fachgebiet	Definition
Mládková, 2013, S. 84	Kommunikation, Sensemaking	„Storytelling is a traditional and powerful tool of communication between people. […] Briefly said, a story is a complex system of symbols. As such, stories give sense to things and events and represent norms, experience and explanations of reality."
Kosara/ Mackinlay, 2013, S. 44	Kommunikation	„At its essence, a story is an ordered sequence of steps, each of which can contain words, images, visualizations, video, or any combination thereof."
Watts et al., 2017, S. 276	Kommunikation, Leadership	„Stories come in a variety of shapes and sizes. Consider the vast number of novels, memoirs, biographies, radio stories, songs, television shows, movies, and theatrical dramas produced every year. Many of these stories, whether fictional or based on historical events, feature as protagonists prominent characters who wield substantial influence over others – that is, individuals who are recognized and remembered for their acts of leadership."
Thier, 2010, S. 17	Unternehmensinterne Kommunikation	„*Storytelling* ist eine Methode, mit der (Erfahrungs-) Wissen von Mitarbeitern über einschneidende Ereignisse im Unternehmen (wie z B. ein Pilotprojekt, eine Fusion, Reorganisationen oder eine Produkteinführung) aus unterschiedlichsten Perspektiven der Beteiligten erfasst, ausgewertet und in Form einer gemeinsamen *Erfahrungsgeschichte* aufbereitet wird. Ziel ist, die gemachten Erfahrungen, Tipps und Tricks zu dokumentieren und damit für das gesamte Unternehmen übertragbar und nutzbar zu machen."
Krüger, 2015, S. 100	Public Relationship Management	„Corporate Storytelling ist eine Kommunikationsoperation des Public Relations-Managements gewinnorientierter Organisationen des Wirtschaftssystems."
Hillmann, 2011, S. 63 f.	Unternehmensinterne Kommunikation	„Storytelling ist eine Methode, die systematisch geplant und langfristig angelegt Fakten über ein Unternehmen in Form von authentischen, emotionalen Geschichten vermittelt, die bei den wichtigen internen und externen Bezugsgruppen nachhaltig in positiver Erinnerung bleibt."

Nymark, 2000, S. 48	Unternehmensinterne Kommunikation, Sensemaking	„Stories can be seen as socially constructed and negotiated accounts of past events that are important to members of an organization, and storytelling can be understood as a cognitive sense-making tool by which the organizational stakeholders incrementally and collectively reinterpretate their stories of events as an ongoing dynamic process."
Salicru, 2018, S. 133	Sensemaking, Change	„Stories are sensemaking devices that creates points of stability within the motion of organizational life. They assist people to make sense of change by locating the self in context, time and space."
Bird, 2007, S. 316	Sensemaking	„Stories not only help us make sense of the actions of others, they serve to shape our own identities."
Benhabib, 1999, S. 353, zit. nach: Bird, 2007, S. 317	Sensemaking	„Thus, storytelling functions as a sensemaking device, and individual, social, and group identities derive from telling stories. This blending of storytelling, sensemaking, and identity reveals the ‚capacity to generate meaning over time so as to hold past, present, and future together' (Benhabib, 1999, p. 353)."
McKee/Fryer, 2003, S. 52	Change	„Essentially, a story expresses how and why life changes. It begins with a situation in which life is relatively in balance: You come to work day after day, week after week, and everything's fine. You expect it will go on that way. But then there's an event – in screenwriting, we call it the ‚inciting incident' – that throws life out of balance."
Boje, 1991b, S. 106	Unternehmensinterne Kommunikation, Sensemaking	„In organizations, storytelling is the preferred sense-making currency of human relationships among internal and external stakeholders."
Takala/Auvinen, 2014, S. 4	Leadership, Sensemaking	„Stories can be seen as a particular doctrine, even a certain philosophy of leadership. However, stories are used as leadership tools – either as an instrument, or often in a subconscious sense."

Quelle: Eigene Darstellung.

2.2 Begriffsbestimmungen und deren wissenschaftliche Einordnung

Anhand der aus den einzelnen Definitionen eruierten Einsatzfelder lassen sich Synergien zwischen den Hauptthemen dieses Beitrags ableiten. Wechselwirkungen existieren zwischen den Themen Storytelling, Leadership, Sensemaking, Changemanagement sowie der unternehmensinternen Kommunikation. Im Hinblick auf den Fokus dieses Beitrags soll in Anlehnung an die verschiedenen Definitionen aus Tabelle 1 folgende Definition gelten, welche alle Hauptthemen dieses Beitrags umfasst:

> Leadership „Storytelling ist eine Methode"[49], mittels der ein Leader „systematisch geplant[e] und langfristig angelegt[e] Fakten"[50] auf multisensualer Weise[51, 52] „über ein Unternehmen in Form von authentischen, emotionalen Geschichten vermittelt, die bei den wichtigen [...] Bezugsgruppen [Mitarbeitern] nachhaltig in positiver Erinnerung bleiben"[53] und einen Sensemaking-Prozess anstoßen,[54, 55] der den Change aus Mitarbeitersicht sinnvoll erscheinen lässt.[56]

Die Autoren Kosara und Mackinlay beschreiben Storytelling als eine geordnete Abfolge von Schritten, bei welcher Bilder, Wörter, Videos und Visualisierungen teilweise in Kombination oder alleinig zum Einsatz kommen.[57] Diese Definition hat wenig Detailgrad, was Storytelling zu einem sehr umfassenden Fachbegriff macht. Der Definition von Kosara und Mackinlay zufolge gehören die von Boje als *Micro Stories*[58] bezeichneten Geschichten ebenso zum Storytelling.[59] Charakteristisch für diese Stories ist das Fehlen von Hintergrundinformationen.[60] Durch die komprimierte Darstellungsform erfordern *Micro Stories* einen kognitiven Aufwand, damit die Target-Person diese entschlüsseln kann. Das menschliche Belohnungssystem suggeriert dem Empfänger der Story daraufhin, dass der Inhalt wichtig ist.[61] Das Fehlen von Hintergrundinformationen im Leadership Storytelling ist als kontraproduktiv anzusehen, da hier das Ziel der Vertrauensaufbau ist. Um Veränderun-

---

[49] Hillmann, 2011, S. 63.
[50] Hillmann, 2011, S. 64.
[51] Multisensual bedeutet „mehrere Sinne ansprechend".
[52] Vgl. Kosara/Mackinlay, 2013, S. 44.
[53] Hillmann, 2011, S. 64.
[54] Der Begriff Prozess beschreibt in diesem Beitrag einen Vorgang oder eine Entwicklung.
[55] Vgl. Benhabib, 1999, S. 353.
[56] Vgl. Salicru, 2018, S. 133.
[57] Vgl. Kosara/Mackinlay, 2013, S. 44.
[58] Unter *Micro Stories* können kurzweilige Videos verstanden werden, welche bspw. eine nur 15-sekündige Dauer aufweisen. Die Plattformen *Instagram* und *TikTok* basieren auf diesem Format. Vgl. Mashup Communications GmbH, 2020, o. S. Boje hingegen betrachtet unter *Micro Stories* bspw. Personen und deren Leben, während *Macro Stories* das gesamte soziale, politische und ökonomische Umfeld umfassen können. Eine *Macro Story* kann demnach aus einer Vielzahl von *Micro Stories* bestehen. Vgl. Boje, 2001, S. 61
[59] Vgl. Boje, 2001, 45 ff.; Kosara/Mackinlay, 2013, S. 44.
[60] Vgl. Boje, 2001, 47; Mashup Communications GmbH, 2020, o. S.
[61] Vgl. Mashup Communications GmbH, 2020, o. S.

gen zu initiieren, werden im Leadership Storytelling weniger Geschichten über die Zukunft genutzt, sondern es wird auf Geschichten zurückgegriffen, die tatsächlich geschehen sind. Die Stories müssen authentisch und wahr sein. Der Empfänger muss sie prüfen können und oftmals findet eine Überprüfung auch tatsächlich statt. In der Überprüfbarkeit der Stories liegt die Glaubwürdigkeit gegenüber dem Erzähler begründet.[62]

Denning grenzt die Leadership Story (zum Beispiel Martin Luther King's Rede „I have a dream") klar von einer Unterhaltungsgeschichte (zum Beispiel die Filmtriologie „Der Herr der Ringe") ab. Ihm zufolge hat die durch einen Leader erzählte Geschichte eine minimalistische Form: nur die zum Verständnis der Geschichte notwendigen Details sind enthalten. Dies gibt dem Empfänger der Story Raum für sein eigenes Vorstellungsvermögen. Der Empfänger kann so leichter als Protagonist in die Geschichte eintauchen. Die Geschichte lässt einen Sinnfindungsprozess zu, der bewirkt, dass der Empfänger anstelle des Leaders die zukünftige Geschichte kreiert. Das Resultat daraus ist im Idealfall eine Story, die an das Umfeld des Empfängers perfekt angepasst ist.[63] Weick konstatiert, dass in einer guten Geschichte einzelne Elemente aus der Vergangenheit so aufbereitet werden, dass die Empfänger rückblickend einen Sinn aus dem Erzählten ziehen können. Die Geschichte muss dabei so fesselnd sein, dass die Empfänger eigene Beiträge zur Sinnfindung leisten.[64]

Taylor und Kollegen führen drei Aspekte aus, welche die Effektivität einer Story erhöhen: erstens, die subjektive Bedeutung durch abduktives Denken,[65] zweitens, Gefühle der Verbundenheit zwischen Leader und Mitarbeitern und drittens, die ästhetische Erfahrung einer Geschichte.[66, 67]

In der Literatur werden die Effekte zwischen Leadership und Storytelling umfassend beschrieben, woran zu erkennen ist, dass die beiden Themen in unmittelbarem Zusammenhang stehen.[68] Harris und Barnes greifen den Begriff Leadership Storytelling im Titel einer gleichnamigen Erscheinung auf, definieren den Begriff hingegen nicht, sondern befassen sich stattdessen mit den zwei Bestandteilen Leadership und Storytelling.[69] Anhand der Ausführungen in Tabelle 1 lässt sich er-

---

[62] Vgl. Denning, 2021, S. 28.
[63] Vgl. Denning, 2021, S. 28.
[64] Vgl. Weick, 1995, S. 61.
[65] Gemeint ist hiermit verallgemeinerndes Denken, eine gedankliche Entwicklung von etwas Speziellem zum Allgemeinen.
[66] Vgl. Taylor et al., 2002, S. 313 ff.
[67] Für Taylor und Kollegen ist eine Geschichte dann ästhetisch, wenn sie effektiv ist, zum Beispiel, indem sie dem Empfänger eine retrospektive Sinnfindung ermöglicht. Vgl. Taylor et al., 2002, S. 313 ff.
[68] Storytelling kann Teil des Leaderships sein. Wiederum ist Storytelling ein wichtiger Teil der Führungskräfte-Kommunikation, neben Sensemaking und weiteren Aspekten.
[69] Vgl. Harris/Barnes, 2006, S. 250 ff.

Tabelle 2
Anwendungsmöglichkeiten des Storytellings in Unternehmen

Autoren/Quelle	Anwendungsfall
Mitroff/Kilmann, 1975, S. 18 ff.	Lösen von Problemen
Prusak et al., 2012, S. 1 ff.	Komplexe Ideen kommunizieren; Personen von gewünschten Veränderungen überzeugen
Louis, 1980, S. 255 ff.	Sozialisierung neuer Mitarbeiter
McWhinney/Batista, 1988, S. 46 ff.	Restrukturierung der Organisation
Swap et al., 2001, S. 95 ff.	Wissenstransfer durch Mentoren
Collison/Mackenzie, 1999, S. 38 ff.	Erleichterung interner und externer Kommunikation; Entwicklung von Teams und Führungsfähigkeiten
Salicru, 2018, S. 134 f.	Bedeutung von Sachverhalten und Informationen im Unternehmenskontext aufzeigen; Schaffen von Zuversicht und Optimismus in Krisenzeiten

Quelle: Eigene Darstellung in Anlehnung an Salicru, 2018, S. 134.

kennen, wie unterschiedlich Storytelling definiert werden kann. Aus diesem Grund wird in diesem Beitrag der Termini Leadership Storytelling verwendet, um auf die besonderen Merkmale des Begriffs hinzuweisen.

2.2.3 Sensemaking

Sensemaking ist der Sinnstiftungsprozess, mit welchem Reize in ein Bezugssystem[70] zur Strukturierung von Unbekanntem[71] gebracht werden, um Gegebenheiten und Situationen verstehen, erfassen, erklären, zuordnen, vorhersagen und extrapolieren zu können.[72] Der Begriff Sensemaking ist nicht metaphorisch, sondern wörtlich zu verstehen: es geht darum, etwas – beispielsweise eine Story – sinnvoll zu machen.[73] Sinnstiftung ist nicht auf Genauigkeit und das Finden der richtigen Antwort bedacht. Es ist viel mehr die Plausibilität, welche es Menschen ermöglicht, ein aussagekräftiges Bild zu schaffen.[74]

---
[70] Vgl. Waterman, 1990, S. 41.
[71] Vgl. Weick, 1995, S. 4.
[72] Vgl. Starbuck/Milliken, 1988, S. 51.
[73] Vgl. Weick, 1995, S. 16.
[74] Vgl. Ancona, 2012, S. 6.

Salicru beschreibt anschaulich in einer Geschichte die Funktionsweise von Storytelling: eine Gruppe erfolgreicher Manager[75] begibt sich zusammen mit einem Sherpa[76] auf eine Klettertour im Himalaya-Gebirge. Der Sherpa verunglückt nach kurzer Zeit. Mit seinem Verlust geht Wissen verloren, woraufhin die Manager die Orientierung in dem für sie unbekannten Terrain verlieren. Nach einigen Tagen in dieser stressigen Situation findet einer der Manager eine Karte in seinem Rucksack, mit welcher sie den Weg zurück zum Camp finden. Dort angelangt, wird ihnen bewusst, dass die Geländekarte gar nicht die korrekte Region zeigt. Sie sind erschöpft, haben aber ihr Ziel, zum Camp zurückzukommen, sicher erreicht.[77] Salicru verdeutlicht mit dieser Geschichte, dass, obwohl die Karte ein anderes Territorium zeigte, die Manager durch sie genügend Zuversicht schufen, um auf Grundlage der Karte gute Entscheidungen zu treffen.[78]

Weick führt aus, dass Sensemaking als jener Vorgang verstanden werden kann, bei dem bei wagen Fragen und schwammigen Antworten – unter Berücksichtigung von ausgehandelten Vereinbarungen – Verwirrung reduziert werden soll. Einem Geschehen soll mittels Sensemaking rückblickend ein Sinn gegeben werden.[79] Bei der Suche nach Kontexten in Sinnfindungsprozessen spielt die Erweiterung kleiner Hinweise, welche übergeordnet einen Sinn ergeben, eine elementare Rolle. Dabei wechseln sich Erklärungen und Einzelheiten ständig ab. Beide Parts, Einzelheiten sowie Erklärungen, geben sich im Sensemaking gegenseitig zusätzliche Substanz und Form.[80] In einem Sinnstiftungsprozess wird die Komplexität eines Umfeldes in eine Situation übertragen, die in Worte erfasst werden kann. Diese Worte dienen dann als Sprungbrett, um Handlungen anzustoßen.[81]

Sensemaking ist neben Visioning, Relating und Inventing eine der vier Führungsfähigkeiten für komplexe, dynamische und von Unsicherheit geprägten Umgebungen.[82] Heifetz und Kollegen führen aus, dass Sensemaking oftmals in sich schnell wandelnden Umgebungen notwendig wird. Eine solche Umgebung ist von Überraschungen und Herausforderungen geprägt, auf welche die Menschen nicht vorbereitet waren.[83] Leader, die Geschehnisse in einem gegebenen Kontext zu verstehen wissen, können weisere Entscheidungen treffen und können eher ihre Effektivität

---

[75] In der Literatur wird zwischen Manager und Leader unterschieden. Vgl. Mládková, 2014, S. 667. Clevis zufolge schafft ein Manager Stabilität und Ordnung, während der Leader Wandel erzeugt. Manager sind als Verwalter anzusehen; Leader als Visionäre, welche motivieren und inspirieren. Vgl. Clevis, o. J., o. S.
[76] Eine Person, die dem Volk der Sherpa angehörig ist. Sie dienen als Wegbegleiter und Helfer bei Exkursionen, an denen in der Regel ortsfremde Menschen teilnehmen.
[77] Vgl. Salicru, 2017, S. 185; insp. von: Basbøll, 2012, 2 ff.
[78] Vgl. Salicru, 2018, S. 132.
[79] Vgl. Weick, 1993, S. 635 f.
[80] Vgl. Weick, 1995, S. 133.
[81] Vgl. Weick et al., 2005, S. 409.
[82] Vgl. Ancona, 2012, S. 11 ff.
[83] Vgl. Heifetz et al., 2009, S. 326 ff.

verbessern.[84] Obwohl der Mensch die sich wandelnde Welt verstehen will, kann es für Führungskräfte Mut erfordern, die teils unpopuläre Aufgabe zu übernehmen, diesen Wandel zu thematisieren. Diese Problematik besteht, weil der Leader so in Konflikt mit Mitarbeitern geraten kann, die am Bild des Erfolges festhalten wollen. Oft ist es Teil des Sensemakings, den Schritt vom Einfachen zum Komplexen zu gehen, indem neue Informationen gesammelt werden, aus welchen Maßnahmen abgeleitet werden. Mit dem Erkennen von Mustern kann diese Komplexität wieder simplifiziert werden. Teilweise bedarf es dabei eines erweiterten Verständnisses.[85] Balogun und Johnson beschreiben Sensemaking als Gesprächs- oder narrativen Prozess.[86] Weick zufolge bedarf dieser Prozess einer guten Geschichte, in welcher verschiedene Elemente genügend lang aufgegriffen werden, um Menschen zu Handlungen zu leiten und anzuregen. Die Geschichte muss dabei plausibel genug sein, damit das Geschehene retrospektiv nachvollzogen werden kann. Darüber hinaus muss die Story fesselnd genug sein, damit andere Personen bestrebt sind, den Sinn hinter der Geschichte konstruieren zu wollen.[87]

2.2.4 Unternehmensinterne Kommunikation

Mast definiert die interne Unternehmenskommunikation als der Verständigung dienender Prozesse, welche innerhalb eines Unternehmens zwischen Mitarbeitern und Personen verschiedener Hierarchiestufen und Abteilungen mittels Zeichen und Sprache stattfinden. Die unternehmensinterne Kommunikation umfasst die alltägliche Informationsübermittlung, als auch das Kommunizieren von Mitarbeitern und Führungskräften in Krisensituationen. Ziel ist es, jedem Mitarbeiter einen Zugang zu Wissen sowie den Unternehmenswerten und -zielen zu gewähren und diese darüber hinaus erlebbar zu machen.[88] Rommerskirchen definiert den Menschen mit seinem sozialen Charakter als interpretierendes Wesen, dessen Wissen das Resultat seiner auf Sinneswahrnehmungen basierenden Interpretationen ist.[89] Dieser immerwährende Sensemaking-Prozess kann dazu führen, dass mangelnde Kommunikation ein Auslöser für Missverständnisse und Konflikte sein kann, woraus die Effizienz des Unternehmens und ferner der auf Effizienz basierende Gewinn beeinträchtigt werden können. Kienzle und Zerres heben dabei hervor, dass in Zeiten, die ein schnelles Handeln des Unternehmens erfordern, zum Beispiel aufgrund von Veränderungen der Wirtschaftslage, ein schnelles Reagieren wichtig ist. Schnelles Handeln kann begünstigt werden, indem Führungskräften und Mitarbeitern die Unternehmensstrategie und die aktuellen Entwicklungen bekannt

---

[84] Vgl. Kerns, 2015, S. 9.
[85] Vgl. Ancona, 2012, S. 4.
[86] Vgl. Balogun/Johnson, 2005, S. 1573 ff.
[87] Vgl. Weick, 1995, S. 61.
[88] Vgl. Mast, 2019, S. 3.
[89] Vgl. Rommerskirchen, 2019, S. 57.

sind.⁹⁰ Die interne Unternehmenskommunikation kann laut Kienzle und Zerres bei Veränderungen bspw. durch Plakate, Newsletter zu speziellen Themen, Teamtrainings, Podcasts, Vodcasts⁹¹ und Informationen an einzelne Mitarbeiter erfolgen. In Krisen sind zum Beispiel Rundschreiben, Face-to-Face-Meetings, persönliche Briefe, Chats, Krisenpläne oder Sonderausgaben der Mitarbeiterzeitung ein probates Kommunikationsmittel. Für die Führungskräfte-Kommunikation werden die vier Kommunikationsinstrumente Coachings, *Management by walking-around*, die Vorgesetzteninformation und Informationen an Bereichsleiter aufgeführt.⁹² Grundlage für alle der genannten Kommunikationsinstrumente ist dem *Social Capital*-Ansatz⁹³ zufolge das Vertrauen. Hubig und Siemoneit führen in Hinblick auf Werte aus:

> „Glaubwürdig und interessant ist die interne Unternehmenskommunikation erst dann, wenn sie möglichst offen und ehrlich, umfassend und zeitgerecht nicht nur sachbezogen informiert, sondern auch Stellung nimmt, Begründungen liefert und, falls möglich, zum Dialog einlädt."⁹⁴

2.2.5 Changemanagement

In einem von Unsicherheit geprägten Umfeld müssen Organisationen einen kontinuierlichen Veränderungsprozess anstoßen, um bestehen und sich weiterentwickeln zu können.⁹⁵, ⁹⁶ Unternehmen sind bestrebt, stabile Zustände zu schaffen. Changemanagement ist das bewusste Eingreifen in ein stabiles Ordnungsmuster, um ein anderes stabiles Ordnungsmuster zu erreichen. Die bestehende Stabilität muss dafür gestört werden. Dabei besteht das Risiko eines vorübergehenden Leistungsverlustes, welcher jedoch eingegangen wird, um das nächsthöhere Ordnungsmuster zu erreichen.⁹⁷, ⁹⁸ Die Lenkung und Gestaltung eines Veränderungsprozesses

---

⁹⁰ Vgl. Kienzle/Zerres, 2016, S. 1.
⁹¹ Unter Podcasts können Radiobeiträge und im Internet bereitgestellte Beiträge im MP3-Format verstanden werden. Vodcast ist ein anderes Wort für Videopodcasts, womit Filmbeiträge bezeichnet werden.
⁹² Vgl. Kienzle/Zerres, 2016, S. 3.
⁹³ Im Gegensatz zum Humankapital bezieht sich das *Soziale Kapital* nicht auf die Individuen innerhalb des Unternehmens, sondern auf das Beziehungsgeflecht der Individuen und die Beschaffenheit und Qualität dieses sozialen Geflechts. Vgl. Hubig/Siemoneit, 2007, S. 173. Das Sozialkapital „[...] bezeichnet die Gesamtheit aller aktuellen und potenziellen Ressourcen, die mit der Teilhabe an einem Netz sozialer Beziehungen des gegenseitigen Kennens und Anerkennens verbunden ist". Hubig/Siemoneit, 2007, S. 173.
⁹⁴ Hubig/Siemoneit, 2007, S. 180.
⁹⁵ Vgl. Kleingarn, 1997, S. 94.
⁹⁶ Kleingarn bezeichnet diesen kontinuierlichen Veränderungsprozess als *Organisatorisches Lernen*. Vgl. Kleingarn, 1997, S. 234 ff.
⁹⁷ Vgl. Kruse, 2008, o. S.
⁹⁸ Kruse zufolge kann Changemanagement nicht dadurch das Konzept *Phanta rhei* („Alles fließt") trivialisiert werden, indem gesagt wird, dass Wandel jederzeit und kontinuierlich statt-

2.2 Begriffsbestimmungen und deren wissenschaftliche Einordnung

in sogenannten *Lernenden Organisationen*[99] bezeichnet Kleingarn als Changemanagement.[100, 101] Stolzenberg und Heberle führen den Begriff Changemanagement weiter aus und definieren diesen als

„[…] Planung und Durchführung aller Aktivitäten, welche die betroffenen Führungskräfte und Mitarbeiter auf die zukünftige Situation vorbereiten und ihnen eine möglichst optimale Umsetzung der veränderten Anforderungen ermöglichen."[102]

Lauer zufolge definiert Changemanagement weder ein Ziel selbst, noch die entwickelten Methoden, um Unternehmensstrategien oder Ziele abzuleiten. Im Fokus des Changemanagements liegt das Gestalten des Weges, welcher vom Ist-Zustand zum gewünschten Soll-Zustand führt, zum Beispiel in Hinblick auf die Unternehmenskultur.[103] Lauer beschreibt ferner das Veränderungsmanagement[104] als eine „spezifische Philosophie der Unternehmensführung"[105], da Führungskräfte keine autonomen Gestalter sind, welche Figuren auf einem Schachbrett setzen. Vielmehr führen die Mitarbeiter ein Eigenleben – sie bewegen sich ohne den Einfluss von Strategen, weshalb das Changemanagement nicht alleinig eine Sozialtechnik ist. Das eigenständige Handeln der Mitarbeiter findet von Führungskräften nicht primär aus humanitären Gründen Anerkennung, sondern liegt vordergründig in der Steigerung der wirtschaftlichen Effizienz.[106] Im Rahmen des Changemanagements können Veränderungen nicht nur im persönlichen Arbeitsverhalten bzw. in sozialen Gefügen stattfinden, sondern auch in der Aufbau- und Ablauforganisation[107] von Unternehmen. Die Veränderungen laufen meist auf verschiedenen Ebenen gleichzeitig ab und können gravierende Folgen für eine Organisation haben, zum Beispiel: neue Abteilungen entstehen, Bestehende werden zusammengeführt oder geschlossen; existierende Arbeitsabläufe werden automatisiert oder effizienter gestaltet; Erwartungen werden modifiziert oder zusätzliche Erwartungen werden an die Mitarbeiter gestellt.[108] Der Erfolg fachlicher Veränderungen ist abhängig von

---

findet. Vgl. Kruse, 2008, o. S. In einem Unternehmen „[…] sollte die Bereitschaft bestehen, sich [bewusst] von einem stabilen Zustand über eine krisenhafte Störung zu einem neuen, stabilen Zustand zu bewegen". Kruse, 2008, o. S.

[99] Unternehmen, in denen *Organisatorisches Lernen* stattfindet, werden als *Lernende Organisationen* bezeichnet. Vgl. Kleingarn, 1997, S. 177 f.

[100] In diesem Beitrag werden die geläufigen englischen Fachbegriffe verwendet. Changemanagement wird in der deutschen Literatur auch als Veränderungsmanagement bezeichnet. Vgl. Stolzenberg/Heberle, 2006, S. 5.

[101] Vgl. Kleingarn, 1997, S. 94.

[102] Stolzenberg/Heberle, 2006, S. 5.

[103] Vgl. Buhmann et al., 2019, S. 5; Lauer, 2019, S. 3 f.

[104] Veränderungsmanagement wird in diesem Beitrag synonym mit Changemanagement verwendet.

[105] Lauer, 2019, S. 5.

[106] Vgl. Lauer, 2019, S. 5.

[107] Die Ablauforganisation bezieht sich auf die Arbeitsprozesse innerhalb personeller Einheiten, die Aufbauorganisation hingehen auf Abteilungen, Teams und Hierarchien. Vgl. Hirsch-Kreinsen, 2013, S. 30 ff.

[108] Vgl. Stolzenberg/Heberle, 2006, S. 2 f.

einer fachkompetenten Planung und Umsetzung des jeweiligen Vorhabens und den individuellen Reaktionen der Mitarbeiter der Organisation. Die Reaktionen der Mitarbeiter wird durch vier Erfolgsfaktoren beeinflusst, welche von den Autoren als nicht umsetz- und planbar beschrieben werden.[109] Diese vier Faktoren werden in folgender Auflistung von Stolzenberg und Heberle direkt zitiert.[110]

– Akzeptanz der fachlichen Inhalte der Veränderung,

– Überzeugung von der Notwendigkeit und Richtigkeit der Veränderung,

– Bereitschaft, die Veränderung mitzutragen,

– Unterstützung bei der konkreten Umsetzung der Veränderung.

Der durch das Changemanagement gesteuerte Unternehmenswandel kann laut Lauer proaktiv initiiert werden, zum Beispiel bei der Unternehmensübernahme durch einen Investor, um das Unternehmen für zukünftige Herausforderungen aufzustellen. Vielfach ist es der Fall, dass sich das Veränderungsmanagement mit der direkten Reaktion auf eine Krisensituation beschäftigt. Changemanagement ist darüber hinaus nicht nur in herausfordernden Situationen gefragt, sondern es ist ebenso Teil des Unternehmensalltages: Veränderungen in Organisationen finden kontinuierlich in unterschiedlicher Intensität statt, ohne, dass sich die Gesamtstrategie der jeweiligen Organisation ändern muss. So kann die Einführung einer neuen Technologie je nach Art und Umfang eine kleine, als auch eine große Veränderung für ein Unternehmen bedeuten.[111]

Higgs und Rowland prägten den Begriff des *Change Leaderships*, nach welchem dem Verhalten und der Rolle von Führungskräften im Hinblick auf einen Veränderungskontext ihrer Ansicht nach zu wenig Aufmerksamkeit geschenkt wurde. Sie konstatieren, dass Veränderungsansätze, die auf der Annahme von Linearität fußen, weniger erfolgreich sind als jene, welche auf einem reaktionsfähigen Prozess und Komplexität bauen.[112] Gilley und Kollegen zufolge kann die Charakteristik von Change[113] als evolutionär, komplex und unsicher beschrieben werden. Im Mittelpunkt des Wandels steht eine kontinuierliche Entwicklung. Leader, die über eine gute Kommunikationsfähigkeit, Teambildungskompetenz und die Fähigkeit, Mitarbeiter zu motivieren verfügen und diese Fähigkeiten umzusetzen wissen, werden bei der Durchführung von Veränderungen als effektiver wahrgenommen.[114]

---

[109] Vgl. Stolzenberg/Heberle, 2006, S. 4.
[110] Stolzenberg/Heberle, 2006, S. 4.
[111] Vgl. Lauer, 2019, S. 6.
[112] Vgl. Higgs/Rowland, 2011, S. 309 ff.
[113] In diesem Beitrag werden Wandel, Veränderung(en) und Change synonym verwendet.
[114] Vgl. Gilley et al., 2009, S. 18 ff.

2.2.6 Leadership Storytelling als Sensemaking-Strategie im unternehmensinternen Changemanagement

„Ein Mann flaniert müßig durch die Stadt, als er zu einer Baustelle kommt. Drei Maurer sind damit beschäftigt, Stein auf Stein zu mörteln. Es interessiert ihn, was hier wohl für ein neues Gebäude entstehen soll, und so fragt er den ersten Maurer, was er da mache. Der antwortet ziemlich unwirsch: ‚Das sehen Sie doch. Ich mauere Backsteine aufeinander.' Diese Antwort befriedigt den Flaneur nicht, er geht weiter zum zweiten Maurer und stellt erneut seine Frage. Der blickt kurz auf und antwortet: ‚Ich baue eine Mauer.' Die Wissbegierde des Spaziergängers ist natürlich immer noch nicht befriedigt, und so wendet er sich mit seiner Frage an den dritten Arbeiter. Der richtet sich auf, lächelt und antwortet mit strahlenden Augen: ‚Ich baue die neue Kathedrale unserer Stadt.'"[115]

Obwohl in dieser kurzen Geschichte kein Leader vorkommt, offenbart sie, welche Auswirkungen die Motivation und Unzufriedenheit von Mitarbeitern haben kann. Und schließlich ist das Schaffen von motivierten, zufriedenen Mitarbeitern eines von zahlreichen Zielen eines Leaders. Laut Frenzel und Kollegen ist die Steigerungslogik ein wichtiges Merkmal dieser Geschichte. Durch einen beim Leser angestoßenen Sensemaking-Prozess wird vermittelt, dass die Antwort des dritten Maurers die Aussagekräftigste ist. Die Antwort jenes dritten Maurers vermittelt dem Leser, dass dieser das große Gesamtbild betrachtet und sein Tun in einem ganzheitlichen Zusammenhang, das Mauern als Schritt zum Bau einer neuen Kathedrale, betrachtet.[116] Die eingangs zitierte Story legt aus Sicht des Verfassers nahe, dass der Vortrag eines Leaders in einem Unternehmen dann die größte Motivation bei seinen Mitarbeitern erzeugen kann, wenn er durch diesen Vortrag Perspektiven ähnlich der des dritten Maurers kommuniziert. Dieser Leader könnte damit leichter die Zustimmung seiner Mitarbeiter bezüglich seiner Äußerungen, Ideen und seines Handelns erhalten. Die Antwort des dritten Maurers inkludiert, dass die beiden Kollegen als Teil des Großprojektes gesehen werden müssen, weil die Vision des Maurers nur mit einem Team, das heißt zusammen mit all seinen Kollegen, realisiert werden kann. Der Erfolg eines angestrebten Projektes kann demnach vom Kommunikationsverhalten des Leaders abhängig sein.[117] Storytelling hat sich als bevorzugtes Mittel für das Stiften von Sinn in der beruflichen Kommunikation herausgestellt. Insbesondere bei strategischen Veränderungen ist Storytelling für Leader nützlich, um ihr Image aufzubauen, Zuverlässigkeit zu demonstrieren und Mitarbeiter zu inspirieren und zu motivieren.[118] Die Essenz aus der oben abgedruckten Geschichte ist, das große Ganze zu betrachten und dadurch die Motivation zu erhöhen. Dies wird in der Story subliminal[119] vermittelt: durch die Charakterisierung der drei Arbeiter enthält die Geschichte eine Nebenbotschaft. Die Charakterisierung in der Geschichte erfolgt durch Zuschreibungen wie „ziemlich unwirsch", „kurz aufbli-

---
[115] Frenzel et al., 2006, S. 65.
[116] Vgl. Frenzel et al., 2006, S. 65.
[117] Vgl. Traeger, 2018, o. S.
[118] Vgl. Salicru, 2018, S. 130 ff.
[119] Subliminal ist ein Begriff aus der Psychologie und bedeutet „unterschwellig".

ckend" und „strahlende Augen". Diese Zusatzinformationen suggerieren, dass ein Arbeiter, der eine Vision hat, den Wert seiner Arbeit mehr zu schätzen weiß und tendenziell zufriedener ist, während jener Arbeiter, der nur Teilaspekte betrachtet, eher schlechter gelaunt und demotiviert ist.[120]

> „Ein Mann flaniert müßig durch die Stadt, als er zu einer Baustelle kommt. Drei Maurer sind damit beschäftigt, Stein auf Stein zu mörteln. Es interessiert ihn, was hier wohl für ein neues Gebäude entstehen soll, und so fragt er den ersten Maurer, was er da mache. Der *antwortet lachend:* ‚Das sehen Sie doch. Ich mauere Backsteine aufeinander.' Diese Antwort befriedigt den Flaneur nicht, er geht weiter zum zweiten Maurer und stellt erneut seine Frage. Der *wirft sich Stolz in die Brust* und antwortet: ‚Ich baue eine Mauer.' Die Wissbegierde des Spaziergängers ist natürlich immer noch nicht befriedigt, und so wendet er sich mit seiner Frage an den dritten Arbeiter. Der *ist so beschäftigt, dass er kaum aufschaut, er stöhnt und antwortet abwesend:* ‚Ich baue die neue Kathedrale unserer Stadt.'"[121]

Die Hauptbotschaft aus der ersten Geschichte, dass der dritte Arbeiter mit dem Blick für das große Ganze am motiviertesten ist, wird in der abgewandelten Geschichte konterkariert. Die Story bekommt eine neue Bedeutung. Der motivierteste Maurer aus der ersten Version ist nun ein Griesgram, der zerstreut wirkt, während der Maurer, der lediglich Steine aufeinandersetzt, als zufriedener Mitarbeiter wahrgenommen werden kann. Der Leser stellt sich nach der zweiten Geschichte vermutlich die Frage, ob eine ganzheitliche Herangehensweise an ein Projekt nicht lohnend ist. Kaum ein Leser dürfte sich gern in die Lage des dritten Maurers hineinversetzen und sich mit diesem identifizieren wollen. Charakterisierungen, wie jene bezüglich der Mitarbeiter in der zweiten Version der Geschichte, sorgen bei vergleichbaren Geschichten in der Praxis zu Verwirrung bei den Lesern, da die Geschichte dadurch widersprüchliche Botschaften beinhaltet.[122] Die widersprüchlichen Botschaften in einer Geschichte können einen Sensemaking-Prozess beim Leser oder Zuhörer in Gang setzen. Das Ziel eines Leaders kann nur erreicht werden, wenn seine Botschaft klar bei seinen Mitarbeitern ankommt.[123] Für das Changemanagement ist es daher wichtig, dass Storytelling in der unternehmensinternen Kommunikation professionell umgesetzt wird, damit die Sensemaking-Vorgänge bei den Rezipienten zu der gewünschten Wirkung führen.

---

[120] Vgl. Frenzel et al., 2006, S. 65 f.
[121] Frenzel et al., 2006, S. 68.
[122] Vgl. Frenzel et al., 2006, S. 68 f.
[123] Vgl. Frenzel et al., 2006, S. 70.

2.3 Aktueller Forschungsstand zu Leadership, Storytelling und Changemanagement

2.3.1 Die transformationale Führung als Wegweiser für Unternehmens- und Führungserfolg

Judge und Piccolo schrieben im Jahr 2004, dass sich die Leadership-Literatur in den letzten 20 Jahren stark auf die Theorie der transformational-transaktionalen Führung fokussiert hat. In jenen 20 Jahren wurden zur transformationalen Führung mehr Studien veröffentlicht als zur Gesamtheit der anderen Führungsansätze.[124] Bei der transaktionalen Führung werden zwischen Führungskraft und Mitarbeitern Leistung und Gegenleistung ausgetauscht, wodurch sich die Transaktion definiert.[125] Zielvereinbarungen sind ein Beispiel für diesen Führungsstil. Dabei werden Mitarbeiter bei Erreichung der vereinbarten Ziele, zum Beispiel durch Prämien oder Beförderungen belohnt, während bei der Nicht-Erreichung eine Bestrafung, zum Beispiel durch Minderung von Vorteilen, folgen kann.[126]

Die transformationale Führung

„[...] erfolgt – anders als die transaktionale Führung – nicht auf der Basis zweiseitiger rational-individueller Nutzenkalküle, sondern vielmehr auf dem Wege einer vom Führenden initiierten und geleiteten ‚Wandlung' der Geführten, genauer: einer *Transformation* ihrer *Ideale, Werte* und *Ziele* auf ein ‚höheres Niveau'."[127]

Eine transformationale Führungskraft zeichnet sich u. a. durch eine besondere Vorbildfunktion und ihre inspirierende Art zum Finden von neuen Lösungen gegenüber ihren Mitarbeitern aus. Sie besitzt charakterliche Stärke und hebt sich durch ihre Tugendhaftigkeit hervor, wodurch sie das Vertrauen, die Anerkennung, den Respekt und Glaubwürdigkeit von Mitarbeitern gewinnt.[128] Laut Judge und Piccolo ist der transformationale Führungsstil wesentlich effektiver als der transaktionale Führungsstil.[129]

„Transformational leaders motivate others to do more than they originally intended and often even more than they thought possible."[130]

Das vorangegangene Zitat verdeutlicht, dass Bass und Avolio dem transformationalen Leadership ein großes Potenzial zusprechen. Mittels dieses Führungsstils kann ein Leader zusammen mit seinen Mitarbeitern Ziele erreichen, welche die Mitarbeiter für nicht möglich hielten.[131] In der Literatur lassen sich darüber hin-

---
[124] Vgl. Judge/Piccolo, 2004, S. 755 ff.
[125] Vgl. Schmidt, 2011, S. 104.
[126] Vgl. Judge/Piccolo, 2004, S. 755 ff.
[127] Weibler, 2016, S. 340.
[128] Vgl. Weibler, 2016, S. 340.
[129] Vgl. Judge/Piccolo, 2004, S. 755 ff.
[130] Bass/Avolio, 1994, S. 3.
[131] Vgl. Bass/Avolio, 1994, S. 3.

aus viele weitere Ansätze und Theorien zur Thematik Leadership finden, darunter die *Great Man Leadership*-Theorien. Laut den *Great Man Leadership*-Theorien können Führungskräfte nicht durch eigenes Zutun geschaffen werden, sondern es handelt sich dabei um eine von Natur und der Genetik gegebenen Fähigkeit,[132] welche bspw. in Eigenschaften wie Dominanz, Selbstvertrauen und Zielorientierung in Erscheinung tritt.[133] Bei Verhaltenstheorien werden die Leadership-Fähigkeiten hingegen als Resultat des Lernens und der persönlichen Entwicklung des Leaders gesehen.[134] Salicru führt aus, dass Menschen durch wirksames Leadership in die Lage versetzt werden, Sachverhalte in neuen Betrachtungswinkeln wahrnehmen zu können, um mit der kollektiven Kraft von Gruppen Probleme anzugehen, welche für diese Gruppe relevant sind.[135]

2.3.2 Aktueller Forschungsstand zum Thema Storytelling

Während Storytelling in den 1980er Jahren von einigen Wissenschaftlern noch als unwissenschaftlich angesehen wurde, hatte es sich bereits 2010 als breit akzeptiertes Wissenschaftsfeld etabliert.[136] Boje sieht die Interpretation von Geschichten und Storytelling als wesentlichen Teil der durchgeführten Consulting- bzw. Beratungsarbeit innerhalb komplexer Organisationen.[137] Ferner beschreibt Salicru aus dieser Perspektive Organisationen als „collective storytelling systems"[138], dessen essenzieller Bestandteil die Sinneswahrnehmung von Geschichten ist. Das Wahrnehmen der Geschichten ermöglicht es den Mitgliedern der Organisation individuelle Erinnerungen durch eine Art institutionelles Gedächtnis zu ergänzen.[139]

Hamelin und Kollegen kamen in einer Storytelling-Studie, in der die Wirkung einer kognitiven[140] und einer affektiven[141] Geschichte verglichen wurde, zu dem Schluss, dass kognitive Geschichten bei den Probanden zu einer tieferen Auseinandersetzung als affektive Geschichten führen, wodurch Erstere besser im Gedächtnis verankert bleiben. Auch bei affektiven Geschichten konnte eine unmittelbare Einstellungsänderung festgestellt werden.[142] Diese Studienergebnisse verdeutlichen die Bedeutung einer möglichst umfassenden Auseinandersetzung mit den Merkmalen

---

[132] Vgl. Mládková, 2013, S. 84.
[133] Vgl. Stogdill, 1974, S. 1 ff.
[134] Vgl. Mládková/Jedinák, 2009, S. 66.
[135] Vgl. Salicru, 2018, S. 131 f.
[136] Vgl. Flory/Iglesias, 2010, S. 113 f.
[137] Vgl. Boje, 1991a, S. 11.
[138] Salicru, 2018, S. 134.
[139] Vgl. Boje, 1995, S. 100.
[140] Kognitiv bedeutet „das Denken oder die Wahrnehmung betreffend".
[141] Affektiv bedeutet „gefühlsbetont". Affektive Geschichten haben in der Regel eine emotionale Wirkung auf den Empfänger.
[142] Vgl. Hamelin et al., 2020, S. 6 f.

von Geschichten, woraus sich wiederum mögliche Potenziale für deren Einsatz durch Leader in der unternehmensinternen Kommunikation ergeben.

Harris und Barnes heben das Schaffen einer inspirierenden Unternehmenskultur durch jene Führungskräfte hervor, welche Storytelling nutzen. Die Autoren sprechen darüber hinaus die Effektivität[143] von Führung an, die durch den Einsatz von Storytelling verbessert werden kann.[144] Kritisch angemerkt werden kann, dass Harris und Barnes zwar eine logische Argumentation zur positiven Wirkung von Stories liefern, jedoch keine belastbaren Zahlen oder Statistiken diesbezüglich zur Verfügung stellen.[145] Weiterhin führen Watts und Kollegen aus, dass mittels Storytelling stärkere Visionen[146] erzeugt werden können, wenn sich die Personen neben den Ereignissen der Geschichte zusätzlich mit der Ursachenanalyse der entsprechenden Ereignisse befasst haben.[147]

Sonensheim hebt hervor, dass Manager auf strategische Weise ineinander verwobene und mehrdeutige Stories erzählen, um aufzuzeigen, wie sich das Unternehmen ändert oder inwiefern es Stabilität bewahrt. Mit diesen Stories soll bei Mitarbeitern ein Sensemaking-Prozess ausgelöst werden, der die hiesigen Bedeutungen, welche Mitarbeiter dem Unternehmen nachsagen, bekräftigt oder entkräftet. Je nach Kontext und Lage schmücken Mitarbeiter die Erzählungen aus und beschreiben somit ihre Reaktion auf die Veränderung, was sich zum Beispiel in Befürwortung, Akzeptanz oder Widerstand äußert.[148] Warnend vor dem Einsatz von *Anti Stories*[149] konstatiert Snowden, dass Stories mit dem vorherrschenden Wertesystem in Einklang stehen und ehrlich gemeint sein müssen. Ferner dürfen die Erwartungen der Mitarbeiter durch die Story nicht radikal verändert werden. Sofern ein Mitarbeiter

---

[143] Laut Harris und Barnes kann hinsichtlich des Leadership Storytellings von Effektivität gesprochen werden, wenn die Führungskraft möglichst viele der folgenden Kriterien erfüllt: Vermittlung von Verständnis und Einfühlungsvermögen, eine überzeugende und klar formulierte Botschaft, Übermittlung von Neuigkeiten, Vermeiden negativer Kommentare über die Zuhörer, Verzicht auf Sarkasmus in der Kommunikation, der Einsatz von selbstironischem und spielerischem Humor, Vermeidung von prahlerischen und selbstsüchtigen Inhalten, einen Bezug zum aktuellen Thema herstellen, Wege für neue Lösungen und Ideen öffnen, Elemente mit denen sich andere identifizieren können, ein Gespräch beginnen. Vgl. Harris/Barnes, 2006, S. 352 f.
[144] Vgl. Harris/Barnes, 2006, S. 350 ff.
[145] Vgl. Harris/Barnes, 2006, S. 350 ff.
[146] Eine Vision ist ein in die Zukunft projizierter Plan von dem, wie etwas aussehen könnte (zum Beispiel die gelebte Unternehmenskultur). Visionen sollen Mitarbeiter motivieren ihre derzeitigen Arbeitsweisen und Ansichten in positiver Weise zu entwickeln, um nützliche Veränderungen herbeizuführen. Vgl. Ancona, 2005, S. 3.
[147] Vgl. Watts et al., 2018, S. 3 ff.
[148] Vgl. Sonensheim, 2010, S. 477 ff.
[149] Unter *Anti Stories* werden Erzählungen verstanden, welche sich weit von der Realität einer Organisation entfernen. Die Reaktionen auf jene offiziellen Geschichten eines Unternehmens sind negativ, spontan und fallen oft zynisch aus. Vgl. Wijetunge, 2012, S. 212. Zukunftsgeschichten sind anfällig für *Anti Stories*, da es ihnen leicht an Glaubwürdigkeit mangeln kann. Vgl. Denning, 2005, S. 242 f.

zu der Einschätzung kommt, dass Mitarbeitern in der Geschichte wichtige Informationen vorenthalten werden oder sie Falschinformationen beinhaltet, so kann diese Geschichte aufgrund der mangelnden Konformität hinsichtlich der etablierten Grundsätze des Storytellings, wie zum Beispiel Plausibilität und Glaubwürdigkeit, als *Anti Story* bezeichnet werden.[150] Weick und Kollegen zufolge müssen Leader, um effektiv zu sein, plausible Erzählungen einsetzen, wobei die Genauigkeit in der Wahrnehmung der Leader deren Effektivität begünstigt.[151] Mezias und Starbuck kommen zu der Annahme, dass die Wahrnehmung von Führungskräften sehr ungenau ist,[152] was laut Bettis und Prahalad damit zu erklären ist, dass das Hauptproblem nicht in der Auswertung knapper Daten liegt, sondern in der Extraktion von Wissen aus einer Fülle an Datenmaterial, welches anschließend für Handlungen genutzt werden kann.[153]

Darüber hinaus gibt es in der Forschung die Annahme, dass Führungskräfte mit besseren Führungsfähigkeiten entsprechend bessere Geschichtenerzähler sind. Besagte qualifizierte Führungskräfte nutzen dabei Storytelling auch in mehr Situationen als weniger gut qualifizierte Kollegen.[154] McLellan führt aus, dass viele Organisationen zum Einsatz von Storytelling übergehen – avisiertes Ziel ist hierbei die Steigerung des Humankapitals.[155, 156]

2.3.3 Aktuelle Aspekte des Changemanagements

Porter und McLaughlin sowie Salicru heben hervor, dass Leadership im jeweiligen Kontext gesehen werden muss. Dieser Kontext ist geprägt von sich schnell wandelnden Umständen, Unsicherheit und einer hohen Komplexität.[157] Beispiele für versäumte Unternehmenswandel gibt es zahlreich.[158] 2003 geriet *Loewe*, Hersteller von Design-Fernsehgeräten in eine Krise, weil dieser die Marktdynamik hinsichtlich der steigenden Nachfrage nach Flachbildschirmen unterschätzte. Trotz der Übernahme durch *Sharp*, dem Weltmarktführer für Flachbildschirme, konnte die Insolvenz im Jahre 2013 nicht abgewendet werden. Ebenso rutschte der Fotofilmproduzent *Kodak* 2005 in eine Krise, weil der Konzern vom schnellen Siegeszug der digitalen Fotografie überrascht wurde und Ersatzmärkte nicht schnell genug erschlossen werden konnten. 2013 meldete der internationale Gigant Insolvenz

---

[150] Vgl. Snowden, 2005, S. 4 ff.
[151] Vgl. Weick et al., 2005, S. 415.
[152] Vgl. Mezias/Starbuck, 2003, S. 3 ff.
[153] Bettis/Prahalad, 1995, S. 5 ff.
[154] Vgl. Mládková, 2013, S. 84.
[155] Humankapital kann in einen engen Zusammenhang mit Wissensmanagement gebracht werden. Es kann als das Wissen beschrieben werden, welches in den Köpfen der Mitarbeiter vorhanden ist. Vgl. Haufe, o. J., o. S.
[156] Vgl. McLellan, 2006, S. 17 ff.
[157] Vgl. Porter/McLaughlin, 2006, S. 559 ff.; Salicru, 2018, S. 136.
[158] Vgl. Lauer, 2019, S. 31 ff.

an. *Kodak* wurde 2013 aus der Insolvenz entlassen und ist derzeit als Technologieanbieter für Drucksysteme und digitale Bildbearbeitung mit einem komplett neuen Geschäftsmodell am Markt.[159]

Ein Positivbeispiel für erfolgreiches Changemanagement beschreiben Boal und Schultz in einer Geschichte des in Australien ansässigen Unternehmens *Amcor*, in welchem fünf grundlegende Änderungen gleichzeitig und innerhalb eines Jahres vollzogen wurden. Ein neues Anreizsystem für Gewinnbeteiligungen wurde geschaffen, Arbeitsläufe verändert, Sicherheitsmaßnahmen angepasst und ein neues Schichtsystem wurde eingeführt. Fortan sollten Mitarbeiter nicht mehr im Drei-Schicht-System an fünf Tagen zu jeweils acht Stunden arbeiten, sondern zwölf Stunden an vier Tagen, gefolgt von vier Urlaubstagen. Die Unternehmensführung lud über 30 Mitarbeiter zu einem Workshop ein, in welchem jeder Mitarbeiter von seiner Anfangszeit im Unternehmen berichtete. Es begannen die dienstältesten Mitarbeiter. In chronologischer Reihenfolge der Unternehmenszugehörigkeit erzählte jeder Mitarbeiter so seine Geschichte, bis schließlich die dienstjüngsten Mitarbeiter ihre Story mitteilten. Nur sehr wenige Angestellte waren verbittert. Der Großteil der Geschichten war voller Humor und die Mitarbeiter konnten über die Geschichten lachen. Ein Resultat des Workshops war, dass durch das Teilen der Geschichten von jüngeren und älteren Mitarbeitern erkannt wurde, dass die „neuen" Veränderungen nicht in dem Sinne neu waren, sondern starke Ähnlichkeiten zum Früheren aufwiesen. Die Mitarbeiter bemerkten, dass die älteren Anwesenden vergleichbare Veränderungen erfolgreich durchlebt hatten. Zugleich erhielten ältere Mitarbeiter mehr Ansehen von den jüngeren Mitarbeitern, da sie die früheren Zeiten erfolgreich gemeistert haben. Der Unternehmensführung gelang es so, Widerstand der Mitarbeiter gegen die Veränderungen zu verringern, indem die Mitarbeiter eine neue Perspektive auf die aktuelle Lage erhielten.[160]

Srivastva und Fry heben hervor, dass Veränderungen in einem kontinuierlichen Prozess zu sehen sind: Wandel ist eingebettet in organisatorische Bemühungen, welche die Vergangenheit mit der Gegenwart verbinden. Darüber hinaus wird die Gegenwart mit Idealen und zukünftigen Hoffnungen verbunden.[161] In dem oben genannten Beispiel zur Firma *Amcor* wurde aufgezeigt, welchen Einfluss kollektive Stories haben können und dass Storytelling unter dem Gesichtspunkt organisationaler Kontinuität überraschende Resultate hervorbringen kann, weshalb die Gegenwart und Zukunft nicht von der Vergangenheit separiert betrachten werden sollte. Die Story von *Amcor* hat gezeigt, dass die Geschichte eines Unternehmens einen bedeutenden Einfluss auf das Heute haben kann, sodass selbst radikale Änderungen mittels Storytelling und dem geborgenen Wissen der Mitarbeiter innerhalb des Unternehmens keine enormen Herausforderungen für Leader dar-

---
[159] Vgl. Lauer, 2019, S. 31.
[160] Vgl. Kolb, 2003, S. 181 ff.; Boal/Schultz, 2007, S. 420.
[161] Vgl. Srivastva/Fry, 1992, S. 2.

stellen müssen.[162] Unter dem Aspekt, dass bei führenden Komplexitätsforschern[163] Einigkeit darüber herrscht, dass sich Leadership künftig mehr über Beziehungsaufbau und Befähigung der Mitarbeiter definiert, als durch Einfluss und Kontrolle,[164] kommt der emotionalen Ansprache von Mitarbeitern in Veränderungsprozessen eine besondere Bedeutung zu.[165] Abschließend kann festgestellt werden, dass Leadership eine wichtige Rolle bei der Implementierung von Change in Organisationen spielt.[166]

2.3.4 Emotionen als zentrales Element im Leadership Storytelling in Changeprozessen

Laut Goleman und Kollegen ist das Konzept der *Emotionalen Führung* von besonderer Bedeutung im Leadership.[167] Diesem Konzept zufolge sollen Leader „situativ richtig emotional führen"[168]. Um auf Situationen richtig reagieren zu können, muss der Leader über eine hohe *Emotionale Kompetenz*[169] verfügen. Diese Kompetenz ist die Voraussetzung, um Situationen umfassend wahrnehmen und erfassen zu können, damit im Anschluss ein adäquates Handeln möglich ist.[170] Im Leadership in Veränderungsprozessen, bei dem es insbesondere um den Aufbau positiver Beziehungen zu Mitarbeitern geht,[171] können Stories ein kraftvolles Werkzeug sein, um implizites und explizites Wissen[172] mittels Emotionen sowie Informationen zu übermitteln.[173] Denning führt aus, dass Storytelling kein alleiniger Faktor für erfolgreiche Veränderungsprozesse ist, sondern es erst in Verbindung mit anderen Elementen wie Mitarbeitertraining und den Projektmanagementfähigkeiten seine Wirkung entfalten kann. Werden in der Organisation wirkungsvolle Stories erzählt,

---

[162] Vgl. Kolb, 2003, S. 182f.
[163] Der Begriff Komplexitätsforscher bezieht sich auf Wissenschaftler, welche sich mit der Thematik des *Complexity Leaderships* auseinandersetzen. Unter dem Begriff *Complexity Leadership* werden in der Komplexitätsforschung transaktionale und transformationale Führungsstile zusammengefasst. Vgl. Lemaster, 2017, S. 89.
[164] Vgl. Lemaster, 2017, S. 89.
[165] Vgl. Boal/Schultz, 2007, S. 420.
[166] Vgl. Onyeneke/Abe, 2021, S. 405.
[167] Vgl. Goleman et al., 2003, S. 1 ff.
[168] Peters, 2017, S. 233.
[169] *Emotionale Kompetenz* wird auch als *Emotionale Intelligenz* bezeichnet. Unter dem Begriff *Emotionale Intelligenz* werden Kompetenzen wie Selbstreflektionsfähigkeit, Selbstkontrolle, Motivation, Empathie und Sozialkompetenz zusammengefasst. Vgl. Peters, 2017, S. 234f.
[170] Vgl. Peters, 2017, S. 233.
[171] Vgl. Lemaster, 2017, S. 89.
[172] Wissen, welches explizit kommuniziert wird, kann ohne weiteres Zutun genutzt werden. Implizites Wissen hingegen bedarf eines Sensemaking-Prozesses beim Empfänger, damit es vollumfänglich geborgen werden kann. So wird etwas nicht ausdrücklich gesagt, die *Message*, die überbracht werden soll, kann jedoch grundsätzlich der gemachten Aussage entnommen werden.
[173] Vgl. Snowden, 1999, S. 30ff.; Zhang, 2020, S. 415.

können diese den Erfolg des Changemanagements signifikant erhöhen, da sie den Intellekt beanspruchen und Emotionen hervorrufen.[174]

In der Geschichte haben viele politische und religiöse Leader Storytelling zur Vermittlung von Visionen und als Motivationswerkzeug strategisch genutzt, speziell in unsicheren und von Umbrüchen geprägten Zeiten.[175] Exemplarisch sei hier die weltberühmte Rede „I have a dream" von Martin Luther King erwähnt.[176] King als Leader einer amerikanischen Bürgerrechtsbewegung beschreibt in der einer Predigt ähnelnden Rede „das Heute als den Zustand eines nicht eingelösten Versprechens"[177] und erklärt seine Vision von Morgen, in welchem alle Amerikaner, ungeachtet ihrer Hautfarbe, friedlich zusammenleben.[178] Kings Rede schafft somit eine gedankliche Verknüpfung von Vergangenheit und Gegenwart mit der Zukunft, welche mit Kolbs Voraussetzung für eine gute Story in Einklang steht.[179]

2.4 Bezugsmodelle und -theorien zur Erklärung von Leadership, Storytelling, Sensemaking und Changemanagement

2.4.1 Erzähltheorie und -paradigma (Narrative Paradigm Theory)

„Ein Text ist genau dann eine Erzählung, wenn er von mindestens zwei Ereignissen handelt, die temporal geordnet sowie in mindestens einer weiteren sinnhaften Weise miteinander verknüpft sind."[180]

Diese Definition von Erzählungen[181] von Köppe und Kindt festigt die These der *Narrative Paradigm Theory* von Fisher, nach welcher der Mensch im Wesentlichen ein Storyteller ist. Fisher zufolge ist Storytelling eine der universellsten und ältesten Kommunikationsformen, da die Teilhabe des Menschen an der sozialen Umwelt durch Narrationen erfolgt. Innerhalb eines narrativen Rahmens treffen Personen Entscheidungen.[182] Soin und Scheytt untermauern diese Aussagen durch ihre Beschreibung „Stories are the fabric of our lives."[183] und weiter „If we explain our actions to others or to ourselves, we tell stories. Stories help us to make sense of

---

[174] Vgl. Denning, 2005, S. 20 ff.
[175] Vgl. Forster et al., 1999, S. 12 ff.
[176] Vgl. King, 1963, o. S.
[177] Strategisches Storytelling, o. J., o. S.
[178] Vgl. Strategisches Storytelling, o. J., o. S.
[179] Vgl. Kolb, 2003, S. 182 f.
[180] Köppe/Kindt, 2014, S. 180 6.
[181] Mit den Begriffen Erzählung und Narration (ungleich Narrativ) geht Sutherland auf den Aspekt der Technik, mit welcher etwas erzählt wird, ein. Eine Geschichte hingegen lenkt die Aufmerksamkeit auf den Inhalt. Erzählung und Geschichte sind daher keine Synonyme, auch, wenn oftmals in der Literatur keine Unterscheidung ersichtlich ist. Vgl. Sutherland, 2012, S. 28.
[182] Vgl. Fisher, 1984, S. 1 ff.
[183] Soin/Scheytt, 2006, S. 55.

what we are, where we come from, and what we want to be."[184] Anhand der soeben erfassten Zitate kann konstatiert werden, dass Stories im Alltag allgegenwärtig sind und es herausfordernd sein kann, auf Stories zu verzichten. Salicru merkt an, dass Stories nicht nur in Krisen und von Wandel geprägten Zeiten genutzt werden, sondern dass sie zu verschiedenen Zwecken in unterschiedlichen Kontexten Anwendung finden. Salicru hebt allerdings hervor, dass Storytelling vor allem in Zeiten akuter Krisen eine besondere Stellung in der Kommunikation innehat. Dies verdeutlicht Salicru am Beispiel des Konzerns *Disney Enterprises*, der während der *Großen Depression* in den Jahren 1929 bis 1939 florierte. Zu dieser Zeit unterhielt der Konzern die Menschen mit der Figur *Mickey Maus*. Dieser Charakter war der Inbegriff der Hoffnung für die von der *Großen Depression* geschwächten Menschen. Die Figur *Mickey Maus* half den Menschen mental mit den großen Herausforderungen des damaligen Alltags umgehen zu können. Die Figur ist ein gutes Beispiel dafür, wie in Zeiten einer Krise Zuversicht und Hoffnung bei den Menschen geschaffen werden kann.[185] Für Boje ist die *Walt Disney Company* der Inbegriff einer *Storytelling Organization*.[186] Die Erzähltheorie beschränkt sich nicht auf reine Texte wie zum Beispiel Zeitungsartikel oder die Geschichtsschreibung, sondern umfasst ebenso Bilder, Witze (zum Beispiel in Form von Comics), Spielfilme, aber auch Interviews können als Form der Erzählung definiert werden.[187]

Stanzel unterscheidet zwischen drei typischen Erzählsituationen. Die Grundform des Erzählens in einer auktorialen[188] Erzählsituation ist die berichtende Erzählweise. Der auktoriale Erzähler erweckt den Anschein, dass er mit dem Autor identisch ist. Tatsächlich ist er eine eigenständige Gestalt, die mal mehr, mal weniger als der Autor weiß. Darüber hinaus vertritt dieser Erzähler teilweise Meinungen, die sich nicht mit der des Autors decken. Bei einer Ich-Erzählsituation ist der Erzähler einer der Charaktere. Er weiß vom Geschehen, weil er es von betroffenen Akteuren erfahren, beobachtet oder miterlebt hat, oder weil er von einer Situation berichtet, in die er sich selbst befunden hat. Auch hierbei handelt es sich vorherrschend um eine berichtende Erzählweise.[189] In einer personalen Erzählsituation wird seitens des Erzählers auf eigene Einmengungen verzichtet. Dem Leser ist die Anwesenheit des Erzählers nicht bewusst. Der Erzähler stellt sich selbst so weit in den Hintergrund, dass der Leser der Illusion erliegt, er selbst würde das Geschehen erleben. Der Leser wird gedanklich eins mit der Romanfigur. Dieser Erzählstil ist nicht berichtend, da sich der Leser als Figur innerhalb der Erzählung sieht.[190] Stanzels Typologie von Erzählsituationen bezieht sich auf Romane. Dennoch basiert sie auf

---

[184] Soin/Scheytt, 2006, S. 55.
[185] Vgl. Salicru, 2018, S. 134.
[186] Vgl. Boje, 1995, S. 997.
[187] Vgl. Boje, 2008, S. 8 ff.; Thon, 2016, S. 1 ff.; Mikkonen, 2017, S. 1 ff.
[188] Auktorial bedeutet „aus Sicht des Autors".
[189] Vgl. Stanzel, 1964, S. 16.
[190] Vgl. Stanzel, 1964, S. 17.

dem Konzept der „drey Dichtweisen"[191] von Johann Wolfgang von Goethe, welches sich auf Lyrik, Epos[192] und Drama bezog.[193] Das eingangs in diesem Kapitel aufgegriffene Zitat von Köppe und Kindt grenzt Erzählung und Story nicht eindeutig voneinander ab. Viele Personen nutzen die Begrifflichkeiten Story und Erzählung synonym.[194] Boje sieht wesentliche Unterschiede zwischen den beiden Begrifflichkeiten und erklärt diese wie folgt: eine Erzählung zeichnet sich durch eine lineare Abfolge, bestehend aus Anfang, Mitte und Ende (engl. before, middle, end – kurz BME) aus. Dialoge, Figuren und Themen werden retrospektiv in eine Handlung eingeordnet, welche sich nur geringfügig ändert. Die Erzählung gleicht eher einer Chronologie, welche wenig Freiraum für Fantasie lässt. Eine Story hingegen zeichnet sich laut Boje durch ihren dispersiven Charakter aus, das heißt sie simplifiziert Sachverhalte und verdeutlicht Zusammenhänge auf, indem zum Beispiel Unterschiede aufgedeckt werden. Eine Geschichte macht Unterschiede geltend, wobei es der Vorstellungskraft des Zuhörers überlassen wird, eine Erklärung für die Geschehnisse zu finden. Boje spricht dabei von einer Dynamik der Jetzt-Zeit, die von gleichzeitigem Erzählen in vielen Räumen bzw. Orten geprägt ist. Da der Mensch nicht in allen Räumen gleichzeitig anwesend sein kann, versucht er über einen Sensemaking-Prozess den Geschehnissen einen Sinn zu geben.[195]

2.4.2 Vier Prinzipien einer guten Geschichte nach Denning

Denning beschreibt Storytelling als Performance-Kunst. Die vier von ihm aufgestellten Storytelling-Prinzipien, kurz genannt Erzählstil (Style), Wahrheit (Truth), Aufbereitung (Preparation) und Überbringung (Delivery), sieht er als Anleitung zum Erzählen von Stories, hingegen nicht als Erfolgsgarant, weil seiner Aussage nach Storytelling eine Fähigkeit ist, die sich durch Üben entwickelt. Schließlich interagieren die Zuschauer mit dem Storyteller und seiner Story – auch wenn der Leader einen Monolog hält – und formen so eine Einheit.[196] Die folgende *Leader Story*, welche anlässlich einer Pressekonferenz von *IBM* nach der *Lotus*-Übernahme 1995 durch Gerstner erzählt wurde[197] soll der Veranschaulichung des Prinzips „Style" dienen.

> „I think it is useful to step back and look at the evolution of this industry to really understand the strategic rationale of this transaction. The industry began as a very centralized model of computing. It was the world of mainframes, large central processors.
>
> And while there will be the need for central processors for many, many years to come, that first phase ended a decade or so ago – and the second phase began, which is the era of the PC.

---

[191] Altdeutsch für die Zahl drei.
[192] Hierbei handelt es sich um eine spezielle Versdichtung.
[193] Vgl. von Goethe, 1819, S. 381; Martínez/Scheffel, 2020, S. 94.
[194] Vgl. Boje, 2008, S. 7.
[195] Vgl. Boje, 2008, S. 7 f.
[196] Vgl. Denning, 2005, S. 25 f.
[197] Vgl. Denning, 2005, S. 26 f.

> And so powerful, stand-alone computers were put in the hands of workers around the world, and we had the PC revolution. It provided enormous personal productivity benefits to workers in enterprises, small businesses, and even at home.
>
> But it's clear to me and to many others that the industry is now entering a new phase of the information technology industry. And it is a phase in which all of the computing power of an enterprise is linked together – so that the mainframes or servers and the PCs become linked in a network ....
>
> ... but not just a hierarchical network, so that the PCs can talk to the mainframes or servers – but very importantly, a world in which all of the users can talk horizontally to each other, and to work together in what is known as ‚collaborative' or ‚team' computing. That is a very, very powerful need of our customers around the world."[198]

Denning beschreibt die Story Gerstners als *keinesfalls bemerkenswert*. Er sieht in ihr darüber hinaus wichtige Merkmale eines Storytelling-Styles, der für eine Führungskraft effektiv ist. Gerstners Story fühlt sich für die Zuhörer an wie ein Dialog. Er erzählt von einer Begebenheit und im nächsten Moment fällt ihm ein weiterer Punkt ein und er erzählt diesen. Dies gibt seiner Rede einen Rhythmus ähnlich dem einer Konversation. Dennoch bleibt in dieser Story das Gefühl der Spontanität, auch wenn dies eine Illusion ist, da die Rede gut vorbereitet wurde. Gerstner vermeidet in seiner Geschichte Anmerkungen wie „As far as I know ..."[199] oder „Before I move on to my next point ..."[200]. Der Erzähler vermeidet mit diesen Aussagen Andeutungen, die Zweifel an der Situation zulassen könnten. Vielmehr verzichtet er auf Formulierungen, die Autoren üblicherweise nutzen, um sich vor Einwänden zu schützen. Zugleich ist seine Rede geprägt von einem klaren Fokus auf die Situation und einer Einfach- sowie Klarheit in der Erzählung. Als Erzähler stellt Gerstner seine Story als inhärent wertvoll dar. Der Wert liegt sowohl in der Geschichte selbst begründet, als auch in ihrer Rolle im größeren Ganzen.[201]

Gerstner geht mit dem Erzählen seiner Geschichte davon aus, dass alle Zuhörer die notwendigen Voraussetzungen haben, um unabhängig von ihrem Bildungsstand die Wahrheit zu erkennen. Durch die Erzählung der Geschichte versetzt Gerstner jeden der auf der Pressekonferenz anwesenden Journalisten in die Lage, gedanklich das zu sehen, was er erlebt hat – auch wenn der Redner Insider-Informationen sowie einen größeren Erfahrungsschatz hat. Obwohl nicht jeder Journalist denselben Kenntnisstand hat, wird durch die Geschichte eine Parität zwischen Redner und Zuhörer hergestellt. Die Story ermöglicht es Gerstner, überzeugend zu sein, ohne dass er Argumente nutzen muss.[202] Zweck der Kommunikation mit dieser Geschichte ist nicht unbedingt, die Journalisten lebenslang von der Wahrheit des Gesagten zu überzeugen. Es reicht aus, wenn die Bereitschaft der Zuhörer da ist,

---

[198] Gerstner, 1995, o. S., zit. nach: Denning, 2005, S. 26 f.
[199] Denning, 2005, S. 28.
[200] Denning, 2005, S. 28.
[201] Vgl. Denning, 2005, S. 27 ff.
[202] Vgl. Denning, 2005, S. 27 ff.

eine Position für einen bestimmten Zweck und für eine begrenzte Zeit einzunehmen.[203] Als Analogie dazu sei folgendes Beispiel eines Tennisspiels genannt: ein Tennisspieler muss nicht lebenslang das Ziel haben, den Gegner in jedem Spiel zu besiegen. Will er in einem Spiel siegen, muss er die Regeln des Spiels akzeptieren und versuchen zu gewinnen. Das Tennisspiel kann nicht gelingen, wenn der Spieler ständig Regeln in Frage stellt, sich fragt, ob er versuchen soll, zu siegen oder fortwährend die Entwicklung des Spiels kommentiert. Nach dem Tennisspiel kann hingegen philosophiert werden, ob die Spielregeln gerecht und sinnvoll sind und ob man den Freund im Tennis wirklich besiegen möchte. Ähnlich verhält es sich beim Storytelling: die Aufführung des Storytellings erfordert, dass der Geschichtenerzähler die Konventionen des Geschichtenerzählens zumindest für die Dauer der Aufführung akzeptiert. Denning versteht unter diesem Aspekt das „Prinzip der Wahrheit". Weiterhin gibt der Autor den Rat, eine Geschichte mit dem Gedanken zu erzählen, dass das Erzählen der Wahrheit möglich ist. Die Wahrheit soll dabei aus der eigenen Sicht erzählt werden.[204]

Die Vorbereitung einer Story ist laut Denning aufwendig, während das Erzählen der Story eher einer Wildwasserfahrt gleicht, bei der keine Zeit zum Nachdenken, Überlegen oder Reflektieren bleibt. Ähnlich wie bei der Wildwasserfahrt geht es beim Geschichtenerzählen unabwegig vorwärts. Der Erzähler wird von den aufeinanderfolgenden Ereignissen mitgerissen. Die Sprache ist währenddessen schneller als der Verstand. Deshalb braucht es eine gute Vorbereitung, bei der unzählige Optionen in Betracht gezogen und ausprobiert werden, um anschließend die Wirkung zu beurteilen. Unsicherheiten und Unstimmigkeiten, zum Beispiel wenn der Erzähler nicht weiß, wie seine Person mit der Geschichte in Verbindung steht, werden vom Publikum schnell wahrgenommen und schaffen nicht den positiven Effekt, den eine gut vorbereitete Geschichte haben kann.[205] Eine gute Leadership Story wird durch Denning als perfekte Darbietung beschrieben, bei der weder Rückzieher noch Überarbeitungen oder ein Zögern auftreten. Dabei besteht die Fiktion, dass eine Story als Darbietung beim ersten Versuch einen Perfektionsstatus erreichen muss.[206] In der Realität glückt die Perfektion nicht immer. Dennoch kann eine nicht perfekte Geschichte Berühmtheit erlangen.[207] Denning hebt hervor, dass durch das Üben des Storytellings Perfektion entsteht. Spontanität hingegen ist ebenso wichtig. Die Spontanität entsteht mit jeder neuen Erzählung der Story und das damit verbundene gedankliche Wiedererleben der Geschichte. Geschichten können den Anschein erwecken, dass sie ausschließlich in der dargebotenen Weise erzählt werden können. Dabei kann die Illusion entstehen, dass der Storyteller ein geborener Geschichtenerzähler ist, was einschüchternd wirken kann, da sich der

---

[203] Vgl. Denning, 2005, S. 32 f.
[204] Vgl. Denning, 2005, S. 33 f.
[205] Vgl. Denning, 2005, S. 35 f.
[206] Vgl. Denning, 2005, S. 36.
[207] Vgl. Strategisches Storytelling, o. J., o. S.

Zuhörer nicht vorstellen oder sehen kann, welcher Sorgfalt und Mühe es für die Vorbereitung der Story bedurfte.[208]

Während der mündlichen Präsentation einer Geschichte spielen nonverbale Aspekte wie Mimik, Gestik und der Tonfall eine bedeutende Rolle.[209] Eine vorgetragene Geschichte baut auf einem Entwurf des Storytellers auf und wird durch unerwartete Ereignisse während des Erzählens ergänzt. Die Resonanz des Publikums kann der Storyteller nutzen, indem er nach einer Pointe, bei der das Publikum lacht, für einige Zeit innehält.[210] Denning führt aus, dass die Atmosphäre während des Storytellings nicht durch Podien, Notizen oder Mikrofonen gestört werden sollte. Der Zuhörer soll das Gefühl haben, dass er in einer Gesprächssituation ist. Notizen sprechen gegen das Prinzip der Spontanität, sie vermitteln, dass etwas Vorbereitetes wiedergegeben wird. Darüber hinaus erwähnt Denning, dass die Arbeit mit der Stimme während der Präsentation von besonderer Bedeutung ist. So hält eine Variation in Sprechtempo und Tonfall das Interesse des Publikums aufrecht. Dabei ist es wichtig, das Publikum so gut es geht zu kennen. Mit Wissen über Ängste und Hoffnungen, sowie Prioritäten im Kontrast zu früheren Nachrichten, kann die Darbietung an Aktualität gewinnen und das Publikum emotional von ihrem Standpunkt abholen. Dabei sollten Leader, ungeachtet von Unterschieden in der Hierarchiestufe, auf einer Augenhöhe mit den Mitarbeitern agieren und können dadurch politische und soziale Barrieren überwinden.[211]

Harringer und Maier sehen diese vier Bedingungen einer guten Geschichte nach Denning als Ergänzung der vier Grundelemente einer Geschichte: Botschaft, Charaktere, Konflikt und Plot.[212] Die Botschaft einer Story bildet das Grundgerüst, welches die drei anderen Grundvoraussetzungen, Konflikt, Charaktere und Plot miteinander verbindet. Die Botschaft ist eine ideologische oder moralische Kernaussage. Der Konflikt bringt Dynamik in die Story. Konflikte sind Vorgänge, welche dem menschlichen Streben nach Harmonie und Ausgewogenheit widerstreben und so Spannung erzeugen. Konflikte können Wendepunkte verdeutlichen und Veranlassung zu einer bestimmten Handlung geben. Die Konflikt-Dynamik entsteht durch unterschiedliche Protagonisten, den Charakteren. Die Hauptfigur ist oft ein Held. Unter Plot wird die Handlung verstanden. Wichtig ist hierbei ein klares Ziel des Protagonisten, der sich verändern oder Hindernisse überwinden muss, um ein gewünschtes Ziel zu erreichen.[213] Laut Steinberg bedarf eine gute Geschichte eines *Specials*. Hierunter versteht die Autorin eine Besonderheit, welche die Geschichte in Erinnerung bleiben lässt, zum Beispiel Sachen, die besonders bizarr wirken, etwa Wesen mit übernatürlichen Fähigkeiten.[214]

---

[208] Vgl. Denning, 2005, S. 36.
[209] Vgl. Denning, 2005, S. 37.
[210] Vgl. Denning, 2005, S. 36.
[211] Vgl. Denning, 2005, S. 40 ff.
[212] Vgl. Harringer/Maier, 2009, S. 11.
[213] Vgl. Harringer/Maier, 2009, S. 11 ff.
[214] Vgl. Steinberg, o. J., o. S.

2.4.3 Suspense, Surprise und der klassische Spannungsbogen nach Lessing und Hitchcock

Laut Hitchcock[215] ist Suspense, zu Deutsch Spannung,[216] in allen Stories ein bedeutendes Element, welches die Kunst des Storytellings ausmacht. Die Charaktere, der Hintergrund und die vielen weiteren Parts einer Story geben ihr eine Bedeutung und sind für das Verständnis der Leser bzw. Zuhörer wichtig. Der rote Faden allerdings schafft die Spannung, die den Leser oder Zuhörer fesselt und dafür sorgt, dass dieser die komplette Geschichte kennen möchte. Suspense wird durch eine geheimnisvolle, unbekannte Gefahr geschaffen, die dem Leser bzw. Zuschauer teils bekannt ist, dem Protagonisten in der Geschichte hingegen nicht.[217] Die Unterscheidung Hitchcocks zwischen Suspense und Surprise wird im Folgenden anhand eines Zitats von Hitchcock verdeutlicht.

> SURPRISE: „We are now having a very innocent little chat. Let's suppose that there is a bomb underneath this table between us. Nothing happens, and then all of a sudden, ‚Boom!' There is an explosion. The public is surprised, but prior to this surprise, it has seen an absolutely ordinary scene, of no special consequence [...]." SUSPENSE: „[...] Now, let us take a suspense situation. The bomb is underneath the table and the public knows it, probably because they have seen the anarchist place it there. The public is aware the bomb is going to explode at one o'clock and there is a clock in the decor. The public can see that it is a quarter to one. In these conditions, the same innocuous conversation becomes fascinating because the public is participating in the scene. The audience is longing to warn the characters on the screen: ‚You shouldn't be talking about such trivial matters. There is a bomb beneath you and it is about to explode!'
>
> In the first case we have given the public fifteen seconds of surprise at the moment of the explosion. In the second we have provided them with fifteen minutes of suspense. The conclusion is that whenever possible the public must be informed. Except when the surprise is a twist, that is, when the unexpected ending is, in itself, the highlight of the story."[218]

Suspense ist demnach ein Gefühl bzw. ein Zustand von Ungewissheit über zukünftige Geschehnisse innerhalb der Story, verbunden mit Angst oder Aufregung. Ein Gefühl des Schocks oder zumindest des leichten Erstaunens, ausgelöst durch etwas Unerwartetes, wird hingegen als Surprise beschrieben.[219] Während anhand des klassischen Spannungsbogens primär aufgezeigt wird, wie intensiv die Spannung im zeitlichen Verlauf einer Story ist, so kann sekundär das Element Surprise eine bedeutende Rolle spielen. Überraschungsmomente haben das Potenzial Wendepunkte einzuleiten. Damit haben sie direkten Einfluss auf die Spannungsenergie,

---
[215] Die Werke von Hitchcock sind oft schwer zugänglich. Vgl. Wulff, 2000, S. 1. Da der Verfasser die Originalwerke nicht finden konnte, wurde nach Empfehlung von Wulff auf die Quelle Gottlieb zurückgegriffen. Vgl. Wulff, 2000, S. 1.
[216] Vgl. Pons, 2022b, o. S.
[217] Vgl. Hitchcock, 1945, S. 3 ff., zit. nach: Gottlieb, 2015, S. 36 f.
[218] Hitchcock, 1962, o. S., zit. nach Truffaut, 1984, S. 73. Es handelt sich hierbei um ein Zitat Hitchcocks aus einem Interview, welches von Truffaut laut Einleitung seines Buches 1962 durchgeführt und anschließend verschriftlicht wurde. Vgl. Truffaut, 1984, o. S.
[219] Vgl. Pediaa, 2016, o. S.

wie anhand der zwei Höhepunkte des klassischen Spannungsbogens in folgender Abbildung erkennbar.

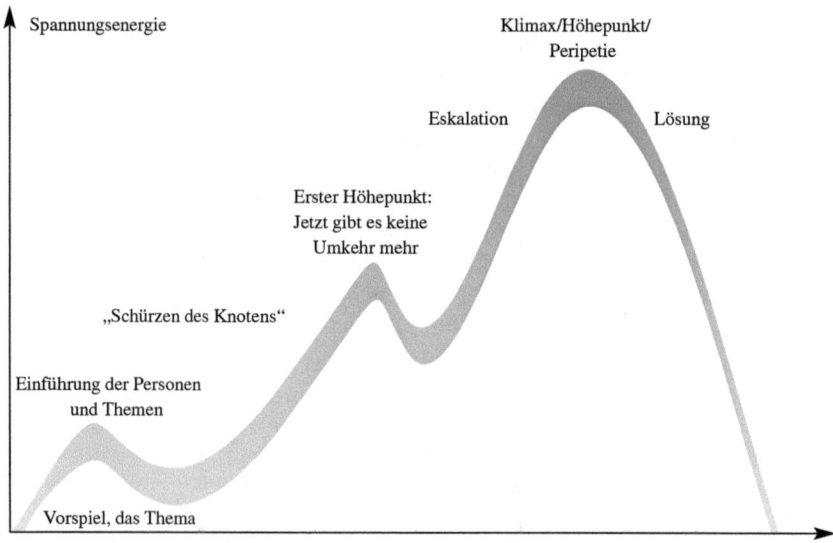

Quelle: Loebbert, 2004, S. 2.

Abbildung 1: Klassischer Spannungsbogen nach Lessing und Hitchcock

2.4.4 Typen des Story Sensemakings und der Erzählung

In diesem Kapitel wird betrachtet, wie mehrere Arten der Sinneswahrnehmung hinsichtlich des Story Sensemakings und der Erzählung zusammenspielen. Bojes Aussagen nach wurde dieser Thematik in der Vergangenheit zu wenig Aufmerksamkeit geschenkt. Boje kritisiert, dass sich Wissenschaftler wie Weick auf die empirischen Wahrnehmungssinne Sehen, Hören, Riechen, Schmecken und Tasten fokussieren, während er sich für Emotionen, welche er als sechsten Sinn bezeichnet, mehr Berücksichtigung in der Forschung wünscht.[220] Dieser Wunsch Weicks soll in diesem Kapitel Rechnung getragen werden. Boje trug acht Typen des Story Sensemakings und der Erzählung zusammen – wohlwissend, dass dies eine Auswahl aus unzähligen weiteren Typen ist.[221] Im Folgenden werden drei, für diesen Beitrag wichtige Typen näher erläutert.

Der erste Typ ist das *BME Retrospective Narrative*. Diese auf das Jahr 350 v. Chr. datierte Form geht auf Aristoteles zurück. Laut Boje gab es für Aristoteles in der

---

[220] Vgl. Weick, 1995, S. 17 ff.; Boje, 2008, S. 8.
[221] Vgl. Boje, 2008, S. 8.

Poetik sechs wesentliche Elemente, für welche er eine bestimmte Reihenfolge, beginnend mit dem wichtigsten Element, vorschrieb: „plot, character, dialogue, theme, rhythm, and spectacle"[222]. Boje zufolge hat sich diese Reihenfolge umgekehrt, sodass das Spektakel an erster Stelle steht, während die Handlung schwer zu finden ist. Zum Spektakel gehört der Dreh oder die Kostümierung. Die BME-Erzählung ist für die Wirtschaft von Bedeutung: der Rhythmus hilft, Komplexität zu reduzieren und der Dialog dient der Strategieentwicklung.[223, 224] Czarniawska merkt an, dass in Organisationen mit einer starken Kultur Erzählungen unveränderlich sind und neue Erzählungen mit den sich jährlich bildenden neuen Ringen eines Baumstammes verglichen werden können.[225]

S1: Goldco Founding Story	
Doug: * * * I look at Goldco as a toy that	1154
somebody decided to put in the company	1155
because it was fun and it also brought	1156
in/	1157
Sam: Well/ I'll tell you how that came	1158
about	1159
Doug: I thought you would (lots of laughter	1160
from the group)	1161
Sam: Sam Coche worked for Sea Breeze or	1162
something like that, oh you know the	1163
story?	1164
Doug: No go ahead tell it, really it's	1165
important.	1166
Sam: He got out there and he came over and	1167
they formed Goldco and Goldco does	1168
not mean Gold Company or anything	1169
else they took the first four	1170
initials from Billy Gold, which is	1171
G O L D and from Coche and that's how	1172
they got Goldco.	1173
Doug: And it was a good living for a couple	1174
of people. It was a nice toy for	1175
Billy, he made a few bucks on the	1176
thing. He had some fun for it but	1177
then the motivation at that time was a	1178
whole lot different than it is today.	1179
We don't have the luxury of screwing	1180
around with something like that /(lots	1181
of cross talk at this point)/	1182
(Returns to turn-by-turn talk.)	

Quelle: Boje, 1991b, S. 114.

Abbildung 2: Beispiel eines Fragmented Retrospective Narratives

---

[222] Boje, 2008, S. 9.
[223] Vgl. Boje, 2008, S. 9.
[224] Zu erwähnen ist, dass die poetischen Elemente des *BME Retrospective Narrative* von Burke weiterentwickelt wurde. Daraufhin entstand das Pentad-Modell, auf welches zur Vereinfachung in diesem Beitrag nicht weiter eingegangen wird. Vgl. Burke, 1945, S. 231.
[225] Vgl. Czarniawska, 2004, S. 36 ff.; Boje, 2008, S. 9.

Am *BME Retrospective Narrative Modell* wird kritisiert, dass es in Unternehmen wenig Anwendung findet, da in Organisationen Erzählungen nicht dem Schema „Anfang – Mitte – Ende" folgen. Erzählungen fangen stattdessen oft in der Mitte an. Es finden Unterbrechungen in der Erzählung statt und Teile der Erzählung werden durch Gesprächspartner revidiert oder weggelassen. Zudem sind *Fragmented Retrospective Narratives* nicht immer retrospektiv, sondern beziehen sich auf die Zukunft.[226]

Während *BME Retrospective Narrative* und *Fragmented Retrospective Narratives* zu den Wegen der Erzählung gehören, so ist der folgende Typus *Tamara* dem Story Sensemaking zuzuordnen.[227] Unter Tamara versteht Boje den Sensemaking-Prozess, der dadurch ausgelöst wird, dass Menschen einer Organisation Geschehnisse in unterschiedlichen Räumen und zu unterschiedlichen Zeiten wahrnehmen. Anhand von Beobachtungen und Rückschlüssen, welche zum Beispiel durch Interviews und Fokusgruppen gewonnen werden, kreiert das Individuum einen Sinn, mit welchem Sachverhalte und Erlebnisse begründet werden.[228] Daraus ergeben sich für Mitarbeiter unterschiedliche Betrachtungsweisen auf die Organisation. Dies ist u. a. auch von der Abteilung abhängig, in welcher der jeweilige Mitarbeiter tätig ist. Abteilung wie Accounting, Public Relations und Sales haben in der Regel einen kurzfristigen Zeithorizont. Zudem gibt es neben einer offiziellen Story auch immer weitere Geschichten, die teilweise regional- oder länderbedingt sind, da die dort gelebte Kultur einen wesentlichen Einfluss auf Sensemakingprozesse hat.[229]

Unter dem Story Sensemaking-Typus *Emotive-Ethical* beschreibt Boje Aspekte der ethischen Entscheidungsfindung unter dem Blickwinkel emotionaler Reaktionen. Hierbei spielen moralische Dilemma eine besondere Bedeutung. Eine Person sieht sich als einzige Person, die in einer Notsituation helfen kann. Die Person muss eine Entscheidung treffen, bei der es keine positive Auswahlmöglichkeit gibt, zum Beispiel weil die Person durch ihre Entscheidung eine Mitschuld an den Geschehnissen tragen müsste. Das folgende Beispiel stellt eine solche emotional-ethisch fordernde Entscheidungslage dar:

> „Eine Straßenbahn rast ungebremst auf eine fünfköpfige Gruppe von Gleisbauarbeitern zu. Der Weichensteller könnte den Zug auf ein Nebengleis umleiten, auf dem nur ein Mensch arbeitet. Soll er einen Menschen opfern, um fünf andere zu retten?"[230]

Beim Typ *Emotive-Ethical* geht es demzufolge um einen situativen Wandel, den eine Person aufgrund einer emotionalen Reaktion initiieren möchte. In jedem Tamara begegnet den Menschen dieser Typus mehrere Male am Tag.[231]

---

[226] Vgl. Boje, 2008, S. 11 ff.
[227] Vgl. Boje, 2008, S. 7.
[228] Vgl. Boje, 2008, S. 15 f.
[229] Vgl. Boje, 2008, S. 20.
[230] Spiegel, 2020, o. S.
[231] Vgl. Boje, 2008, S. 17.

2.4.5 Acht-Stufen-Modell nach Kotter

Das Acht-Stufen-Modell nach Kotter fand nach seiner Veröffentlichung breite Beachtung im Changemanagement[232] und somit in einem von Volatilität, Unsicherheit, Komplexität und Ambivalenz (VUKA) geprägten Umfeld.[233] Kotter zufolge muss ein Changeprozess acht Schritte durchlaufen.[234] Dabei darf kein Schritt übersprungen werden, weil dadurch eine Illusion des schnellen Wandels entsteht. Change-Ergebnisse, bei denen ein oder mehrere Schritte übersprungen werden, bringen keine zufriedenstellenden Erfolge. Im ersten Schritt wird in Changeprozessen ein Dringlichkeitsgefühl bei Führungskräften und Mitarbeitern erzeugt. Die Basis dafür liefert eine Wettbewerbs- und Marktanalyse. Anschließend wird in Schritt 2 eine Führungskoalition aufgebaut. Dabei wird ein Team zusammengestellt, welches den Change konsequent gestalten soll. Im Anschluss daran wird Kotters Modell zufolge eine Vision und Strategie erarbeitet, mit welcher die Mitarbeiter der Organisation ein Verständnis für den Sinn der Veränderung entwickeln. Der Aufbau von Vertrauen ist dabei essenzieller Bestandteil des Erfolgs des Changeprozesses. In Schritt 4 werden die Vision und Strategie kommuniziert. Die Kommunikation soll dabei auf verschiedenen Kommunikationskanälen erfolgen, bildhaft und leicht verständlich sein. Hindernisse, die der Vision entgegenstehen werden im fünften Schritt beseitigt. Die Struktur für den Wandel wird geschaffen, indem Mitarbeiter die Fähigkeiten erlernen bzw. verbessern, die sie zur Gestaltung des Wandels benötigen. Durch Belohnung und Anerkennung werden in Schritt 6 kurzfristige Erfolge generiert, welche die Mitarbeiter ermutigen. Während im vorletzten Schritt der Veränderungsstand gefestigt wird, werden parallel neue, auf den zuvorigen Änderungen aufbauende Changes initiiert. Laut Kotter führen erfolgreiche Änderungen zu einem Wandel in der Unternehmenskultur. Im finalen Schritt 8 werden so die neuen Ansätze und die neue Vision fest in der Organisation verankert, bevor der Veränderungsprozess mit Schritt 1 wieder von Neuem beginnt.[235] Appelbaum und Kollegen kritisieren an Kotters Acht-Stufen-Modell, dass es auf persönlichen Beobachtungen des Autors beruht und keinerlei Literaturverweise vorhanden sind, welche dieses Modell stützen könnten. Zu beachten ist außerdem, dass Kotters Beobachtungen in Großunternehmen gemacht wurden.[236] Für diesen Beitrag stellt die Fokussierung auf Großunternehmen keine Problematik dar, da er sich ebenfalls auf mittelständische und Großunternehmen fokussiert. Appelbaum und Kollegen kommen nach Betrachtung des Acht-Stufen-Modells zu dem Schluss, dass der Erfolg des Modells weniger in der empirischen Belegung von Kotters Modells liegt, sondern vielmehr in dessen praktischem Nutzen. Kotters Changemanagement-Modell konnte von Appelbaum und Kollegen nicht widerlegt werden,

---

[232] Vgl. Appelbaum et al., 2012, S. 765.
[233] Vgl. Barber, 1992, S. 8.
[234] Kotters Acht-Stufen-Modell ist in Anhang 1 als Grafik zu finden.
[235] Vgl. Kotter, 1995, S. 59 ff.
[236] Vgl. Appelbaum et al., 2012, S. 765.

auch wenn die Autoren zu der Erkenntnis gekommen sind, dass nicht alle Schritte in bestimmten Kontexten Relevanz aufweisen. Die Autorengruppe fasst das Acht-Stufen-Modell als empfehlenswerte Referenz auf.[237]

2.4.6 Die vier I's – Prinzipien der transformationalen Führung

Die Thematik rund um die transformationale Führung entstand aus Forschungsbeiträgen, in welchen charismatische und visionäre Führungsmethoden behandelt wurden.[238] Diese Führungsmethoden sind für die Untersuchung des Zusammenhangs der Güte der Führungskompetenz eines Leaders und dessen Fähigkeit, wirksame Stories zu erzählen, interessant. Jeder transformationale Prozess hat einen Aspekt, der als Schlüssel für den Beginn von geplantem Change steht: das Schaffen von Visionen für die Zukunft.[239] Die beiden Autoren haben auf dem Gebiet der transformationalen Führung aus Sicht der Praxis mit der Definition der sogenannten vier I's einen wesentlichen Beitrag geleistet.[240] Die vier I's beinhalten Maßnahmen, um im Rahmen des *Total Quality Managements*[241] erfolgreich zu sein.[242] Im Folgenden wird auf die vier Prinzipien der transformationalen Führung eingegangen.

– *Idealized Influence:* Hierunter fassen Bass und Avolio Verhaltensweisen gegenüber Mitarbeitern zusammen, die Bewunderung, Respekt und Vertrauen bewirken. Ohne *Commitment*[243] und Vertrauen der Mitarbeiter in die Motive, Intensionen und den Zweck der Handlungen des Leaders ist Change im Unternehmen wahrscheinlich von starkem Widerstand geprägt. Der Leader muss daher hohe moralische und ethische Standards erfüllen und Worten verlässlich Taten folgen lassen. Die Führungskraft ordnet seine persönlichen Vorteile und Ziele dem Gesamtinteresse des Unternehmens unter.[244]

– *Inspirational Motivation:* Transformationale Leader wissen ihre Mitarbeiter zu inspirieren, indem sie attraktive und zugleich anspruchsvolle Ziele festlegen. Die Ziele und die damit verbundenen Aufgaben zur Zielerfüllung begründen sie sinnhaft. Engagement, Optimismus und Teamgeist werden gefördert. Führungskräfte

---

[237] Vgl. Appelbaum et al., 2012, S. 775 ff.
[238] Vgl. Pelz, 2016, S. 95.
[239] Vgl. Bass/Avolio, 1994, S. 132.
[240] Vgl. Pelz, 2016, S. 96.
[241] Das *Total Quality Management* (TQM) kann als „breit angelegte [...] Rationalisierungs- und Innovations-,Philosophie'" (Hirsch-Kreinsen, 2013, S. 3) bezeichnet werden. Typische Maßnahmen hinsichtlich der Rationalisierung sind die organisationale Prozessorientierung oder das Anwenden des Just-in-Time-Prinzips, nach welchem zum Beispiel Produktionsprozesse zeitlich aufeinander abgestimmt sind. Ziel des TQM ist die Qualitätssteigerung bei gleichzeitiger Kostenreduktion. Dabei werden brachliegende Produktionspotenziale erschlossen. Vgl. Hirsch-Kreinsen, 2013, S. 3.
[242] Vgl. Bass/Avolio, 1994, S. 132.
[243] Commitment bedeutet Verpflichtung oder im HR-Bezug auch Mitarbeiterbindung.
[244] Vgl. Bass/Avolio, 1994, S. 132 f.; Pelz, 2016, S. 96.

und Mitarbeiter haben eine *Shared Vision*, sie verfolgen gleiche Ziele.[245] Bass und Avolio geben zu bedenken, dass der Preis von Enthusiasmus *Involvement* ist. Leader müssen demzufolge in allen Aspekten ihrer Tätigkeiten damit rechnen, dass ihre Arbeit von Mitarbeitern verbessert und hinterfragt wird. Diesen Prozess beschreiben Bass und Avolio als *Follower Involvement*.[246]

- *Intellectual Stimulation:* Mittels der intellektuellen Stimulierung wird neben der Kreativität auch die eigene Problemlösungskompetenz der Mitarbeiter gefördert. Die Mitarbeiter werden in die Lage versetzt, Gewohnheiten, Routinen und überholte Annahmen in kritischer Weise zu hinterfragen, um letztendlich neue Lösungswege entwickeln zu können.[247]

- *Individualized Consideration:* Unter der individuellen Betrachtung wird verstanden, dass die Führungskraft speziell auf die Erwartungen, Stärken und Schwächen der Mitarbeiter eingeht und sie auf Grundlage dessen ohne das immergleiche Schema behandelt. Die Führungskraft ist persönlicher Mentor und Coach seiner Mitarbeiter und hebt damit das Potenzial jedes Individuums auf eine neue Entwicklungsstufe, wodurch die berufliche Perspektive der Mitarbeiter verbessert wird.[248]

2.5 Zwischenfazit

Leadership ist eng verknüpft mit Sensemaking. Individuen konstruieren durch Sinnfindungsprozesse Zusammenhänge, welche wesentlichen Einfluss auf ihre Entscheidungen haben.[249] Leadership birgt für Führungskräfte das Potenzial gute zwischenmenschliche Beziehungen zu ihren Mitarbeitern zu kreieren und Visionen zu konzipieren. Es ermöglicht zugleich das Schaffen von Prozessen und Strukturen, welche für einen Wandel nötig sind. Dies kann in der Umsetzung einer erdachten Vision in die Realität münden, was der gesamten Organisation zugutekommt.[250] Damit ein Unternehmen in von Unsicherheit geprägten Zeiten dauerhaft fortbestehen kann, muss die Organisation kontinuierliche Veränderungsprozesse anstoßen.[251] Diese Veränderungen sind eher von Erfolg geprägt, wenn die Mitarbeiter des Unternehmens die vorgeschlagenen Änderungen akzeptieren, sie von der Sinnhaftigkeit der Maßnahmen überzeugt sind, die Bereitschaft an der Teilhabe des Veränderungsprozesses gegeben ist und das Personal bei der Umsetzung der Veränderung unterstützend tätig ist.[252]

---

[245] Vgl. Pelz, 2016, S. 96.
[246] Vgl. Bass/Avolio, 1994, S. 134.
[247] Vgl. Pelz, 2016, S. 96.
[248] Vgl. Pelz, 2016, S. 96.
[249] Weick, 1995, S. 4 ff.
[250] Vgl. Ancona, 2005, S. 2 f.
[251] Vgl. Kleingarn, 1997, S. 94.
[252] Vgl. Stolzenberg/Heberle, 2006, S. 4.

Damit ein Leader zusammen mit seinen Mitarbeitern Changeprozesse erfolgreich im Unternehmen umsetzen kann, muss dieser über ein ausreichendes Maß an *Emotionaler Intelligenz* verfügen, die es ihm erlaubt, für seine Organisation sinnvolle Entscheidungen treffen zu können.[253] Das Erzählen von wirkungsvollen Stories kann dazu beitragen, den Erfolg von Changeprozessen in der Organisation signifikant zu erhöhen, indem diese den Intellekt beanspruchen und positive Emotionen hervorrufen.[254]

Storytelling hat sich als gut geeignetes Werkzeug erwiesen, um eine inspirierende Unternehmenskultur zu schaffen. Leadership Storytelling kann dazu beitragen, die Effektivität von Führung zu erhöhen.[255] Darüber kann Storytelling viele weitere Unternehmensaspekte beeinflussen, beispielsweise das Heben von verborgenem Wissen in Unternehmen,[256] die Sozialisierung neuer Mitarbeiter,[257] die Restrukturierung von Unternehmen[258] oder das Schaffen von Zuversicht und Optimismus in Krisenzeiten.[259]

Die Auseinandersetzung hinsichtlich der, in der Literatur genannten, Storytelling-Potenziale erweckt für den Verfasser den Eindruck, dass Leadership Storytelling einen hohen Stellenwert in der Führungskräfte-Kommunikation haben dürfte.

---

[253] Vgl. Peters, 2017, S. 233.
[254] Vgl. Denning, 2005, S. 20 ff.
[255] Vgl. Harris/Barnes, 2006, S. 350 ff.
[256] Vgl. Boal/Schultz, 2007, S. 420.
[257] Vgl. Louis, 1980, S. 255 ff.
[258] Vgl. McWhinney/Batista, 1988, S. 46 ff.
[259] Vgl. Salicru, 2018, S. 134 f.

3. Empirischer Teil –
Untersuchung von Merkmalen, Potenzialen und Herausforderungen des Leadership Storytellings

3.1 Fragestellungen und methodisches Vorgehen

3.1.1 Zielsetzung und Aufbau der empirischen Untersuchung

In den vorangegangenen Kapiteln wurde auf die Begrifflichkeiten Leadership Storytelling, Changemanagement und Sensemaking sowie fachrelevante Modelle und Theorien eingegangen. Auf Grundlage des Wissens aus dem theoretischen Teil soll im folgenden empirischen Teil die qualitative Frage nach dem Stellenwert des Storytellings als interne Führungspraxis im Changemanagement untersucht werden. Hierbei soll der Fokus auf Groß- und mittelständischen Unternehmen liegen. Von Bedeutung für die Beantwortung der Forschungsfrage ist die Analyse der Definitionsmöglichkeiten hinsichtlich des Leadership Storytellings. Damit geht eine Untersuchung der Merkmale von Leader Stories einher. Nachdem der Status quo der Storytelling-Forschung bereits im theoretischen Teil behandelt wurde, sollen im empirischen Teil Antworten auf die Frage nach den tatsächlichen Anwendungsfeldern des Leadership Storytellings in der Praxis gefunden werden. Hiermit sollen im Anschluss Diskrepanzen zwischen Theorie und Praxis aufgedeckt werden können. Um eine Einschätzung zum Stellenwert des Leadership Storytellings vornehmen zu können, wird im Empirie-Teil umfassend auf Potenziale sowie Herausforderungen von Leadership Stories eingegangen. Hierzu erfolgt eine Untersuchung zu möglichen Zusammenhängen zwischen der Güte der Führungskompetenz eines Leaders und dessen Fähigkeit wirkungsvolle Geschichten zu erzählen.

Im folgenden Kapitel wird die Wahl des Forschungsdesigns umrissen und nachfolgend begründet, warum dieses im Rahmen des Beitrags gewählt wurde. Es wird auf die Kriterien eingegangen, nach welchen die Experten für die Interviews ausgewählt wurden. Nach Ausführungen zur Erstellung des Leitfadens und der Durchführung der Interviews werden die Ergebnisse ausgewertet. Hierzu zählt ein Kurzportrait der Experten, Informationen zu den Regeln der Transkription sowie die Analyse der Inhalte der Interviews mittels eines induktiven Auswertungsverfahrens[260] in

---

[260] Merkmal des induktiven Auswertungsverfahrens ist die Schlussfolgerung innerhalb eines Erkenntnisprozesses von etwas Speziellem auf das Allgemeine. So werden aus gewonnenen Daten Schritt für Schritt Muster erarbeitet. Vgl. Döring/Bortz, 2016, S. 541.

Anlehnung an Dacin und Kollegen.[261] Im Anschluss erfolgt eine Diskussion zum empirischen Teil des Beitrags, welcher Limitationen der Untersuchung und Handlungsempfehlungen enthält.

3.1.2 Leitfadengestütztes Experteninterview

Das Leitfadeninterview ist die in diesem Beitrag präferierte der drei Basismethoden der empirischen Sozialforschung.[262] Während die Merkmale einer Leadership Story mit einer *Inhaltsanalyse* zusammengetragen werden könnten, ist es mit dieser Methodik schwer umsetzbar, die tatsächliche Sichtweise von Führungskräften hinsichtlich des Leadership Storytellings fundiert zu analysieren. Hier stellt sich die Frage, inwiefern die Hypothesen, die sich aus der Betrachtung einiger weniger Literaturquellen ergeben, für die Untersuchung im Rahmen dieses Beitrags verallgemeinerbar sind. Die gleiche Problematik besteht, wenn Potenziale und Herausforderungen aus Sicht der Praxis untersucht werden sollen. Belastbare Einschätzungen zum derzeitigen Stellenwert von Leadership Storytelling bedürfen einer ausreichenden Menge an aktuellem Material. Aus Sicht des Verfassers reichen die derzeit verfügbaren Journalbeiträge nicht aus, um eine fundierte Einschätzung der Praxis vorzunehmen. Viele Führungskräfte Groß- und mittelständischer Unternehmen veröffentlichen keine wissenschaftlichen Beiträge, weshalb die Sichtweise der Praktiker auf die Thematik Leadership Storytelling in der Forschung unterrepräsentiert ist. Journals mit Bezug auf die Praxis beziehen sich oftmals auf einzelne Organisationen und zeigen somit nicht das gesamte Bild. Eine Untersuchung konträrer Meinungen kann somit anhand der verfügbaren Journals nicht erfolgen.

Als weitere Basismethode der empirischen Sozialforschung könnten *Beobachtungen* zum Einsatz kommen, um die Forschungsfragen dieses Beitrags zu beantworten. Hierfür fehlt allerdings der breite Zugang zu einer genügenden Anzahl an Unternehmen. Darüber hinaus ist diese Methodik so zeitaufwändig, dass sich die Planung innerhalb eines halbjährigen Forschungszeitraumes äußerst schwierig gestalten würde, während die Ergebnisse der Beobachtung als Untersuchungsmethodik im Vergleich zu Leitfadeninterviews kaum zufriedenstellend ausfallen dürften. Dies liegt in der Tatsache begründet, dass Beobachtungen aus einzelnen Unternehmen nicht auf eine signifikante Mehrheit an Organisationen übertragen werden können, womit die Forschungsfrage nach dem Stellenwert des Leadership Storytellings nicht umfassend beantwortet werden könnte. Die Beobachtungen würden somit nicht zu den Ergebnissen führen können, die zur Beantwortung der Forschungsfrage notwendig wären. Bei Beobachtungen der Verhaltensweisen einzelner Führungskräfte besteht die Problematik, dass die Ergebnisse der Unter-

---

[261] Vgl. Dacin et al., 2010, S. 1393 ff.
[262] Vgl. Brosius et al., 2012, S. 5.

suchung von einzelnen Leadern nicht auf andere Führungskräfte derselben Organisation übertragbar wären, geschweige denn auf die Gruppe in Deutschland ansässiger Groß- und mittelständischer Unternehmen generell.

Im Vergleich zu den beiden Methoden Beobachtung und Inhaltsanalyse haben *Experteninterviews* eine Reihe an Vorteilen, welche dazu führen, dass das leitfadengestützte Experteninterview die in diesem Forschungsbeitrag präferierte Untersuchungsmethode ist. Das Leitfadeninterview ist eine qualitativ offene Befragungsform, die sich durch ihren strukturellen Charakter auszeichnet. Die Struktur dieser Interviewmethode ist durch den Leitfaden gegeben, welcher Themenbereiche und Fragen bestimmt. Die bei dieser Untersuchungsmethode auftretenden Gesprächssituationen bewegen sich in einem Spannungsfeld von Strukturiert- und Offenheit. Der Offenheit bedarf es, damit das Antwortspektrum möglichst breit ist. Die Strukturiertheit dient der Analyse im Anschluss an das jeweilige Interview. Sie ermöglicht die Auswertung, indem sie Vergleichbarkeit schafft.[263] Gläser und Laudel empfehlen Leitfadeninterviews, wenn

„in einem Interview mehrere unterschiedliche Themen behandelt werden müssen [...] und wenn im Interview auch einzelne, genau bestimmbare Informationen erhoben werden müssen."[264]

Experten verfügen über spezifisches Rollenwissen, über welches vergleichsweise wenige Personen verfügen. Das Sonderwissen wird ihnen entweder zugeschrieben oder sie schreiben sich die Expertenkompetenz, zum Beispiel aufgrund ihrer beruflichen Rolle, eigenständig zu. Darüber hinaus wird Experten eine Deutungsmacht zugesprochen, die es ihnen ermöglicht, das Expertenwissen im jeweiligen Kontext zu betrachten und daraus Rückschlüsse zum jeweiligen Fachgebiet zu ziehen.[265] Diese Kompetenzen der Experten ermöglichen eine umfassende Beantwortung der Frage nach dem hiesigen Stellenwert des Leadership Storytellings. Experten können von kognitiven Beobachtungen berichten, die sie bei der Zusammenarbeit mit Leadern gemacht haben. Jeder Experte verfügt zudem über Kontextwissen, womit er Storytelling unter verschiedenen Aspekten und als Methode in einem spezifischen Bereich oder in verschiedenen Branchen beurteilen kann. Da einzelne Aspekte – ohne aus ihnen Verallgemeinerungen zu synthetisieren – wichtig sind, wurden die Interviews teilstandardisiert durchgeführt. Damit kann das Expertenwissen aus unterschiedlichen Fachgebieten je nach Detailinteresse abgefragt werden. Die Möglichkeit, bei Bedarf genauer nachzufragen, bleibt gegeben, während die Grundlage für eine Annäherung an den natürlichen Erzählfluss geschaffen ist.

---

[263] Vgl. Loosen, 2016, S. 139.
[264] Gläser/Laudel, 2010, S. 111.
[265] Vgl. Przyborski/Wohlrab-Sahr, 2014, S. 119.

3.1.3 Kriterien der Expertenwahl

Kriterien für die Expertenwahl sind nicht eindeutig definiert.[266] Die Definition des Experten liegt im Auge des Forschenden und hängt vom jeweiligen Forschungsinteresse ab.[267] Zuallererst ist die Wahl der Experten durch die Untersuchung von Groß- und mittelständischen Unternehmen eingegrenzt. Dies bedeutet allerdings nicht, dass die Experten innerhalb einer Organisation arbeiten müssen, die unter diese Rubrik fällt. Vielmehr können auch Berater, Trainer oder Coaches einen wesentlichen Teil zum Forschungsthema beitragen. So können Selbstständige, als auch Angestellte zur Expertengruppe gehören. Einen umfassenderen Blick hat ein Experte, der im Laufe seiner beruflichen Tätigkeit beide Kriterien erfüllt – die keinesfalls aber beide gegeben sein müssen.

Eine Besonderheit des Forschungsthemas ist die ganzheitliche Betrachtung verschiedener Fachgebiete, darunter Leadership, Storytelling, Changemanagement, Sensemaking sowie die interne Unternehmenskommunikation. Da diese Fachbereiche zusammenhängen und zugleich in sich große Untersuchungsfelder darstellen, ein Experte aber möglichst spezifisches Fachwissen haben soll, muss der jeweilige Interviewte mindestens fünfzehn Jahre Berufserfahrung in einem dieser Themen haben. Darüber hinaus muss er eine weitere Spezialisierung vorweisen. So würde zum Beispiel ein Leader als Experte in Frage kommen, der besondere Changeprojekte in einem Großunternehmen umgesetzt hat und bereits fünfzehn Jahre in dieser Position tätig war. Neben der internen Sicht, zum Beispiel wie sie bei Führungskräften gegeben ist, welche Leadership Storytelling bereits bewusst angewandt haben, kommen auch Experten in Frage, welche aus externer Sicht, zum Beispiel als Angestellter oder Kommunikationsberater, über die Anwendung von Leadership Storytelling berichten können oder könnten. Würden ausschließlich Storytelling- und Kommunikationsberater befragt werden, so wäre ein starker Forschungsbias[268] denkbar, da hier die externe Sicht fehlen könnte. Kommunikationsberater sind vorwiegend in Unternehmen tätig, die sich bewusst mit der internen Unternehmenskommunikation befassen und bewusst Storytelling anwenden möchten. Aus diesem Grund können auch Betroffeneninterviews[269] für die Beantwortung der Frage nach dem Stellenwert von Leadership Storytelling hilfreich sein. Des Weiteren ist eine umfassende Betrachtung verschiedener Branchen wichtig, um auch hier eine Verzerrung bei den Forschungsergebnissen zu vermeiden. Eine Person, welche über fünfzehn Jahre in einem stark changebezogenen Umfeld ge-

---

[266] Vgl. Meuser/Nagel, 2010, S. 57.
[267] Vgl. Meuser/Nagel, 1991, S. 443.
[268] Als Bias werden Verzerrungseffekte bezeichnet, welche zum Beispiel durch eine falsche Forschungsmethodik zutage treten. So können bspw. Suggestivfragen falsche oder verzerrte Ergebnisse liefern.
[269] Im Gegensatz zu Experteninterviews sind Personen, die an einem Betroffeneninterview teilnehmen, das „Untersuchungsobjekt". Bei Betroffenen handelt es sich nicht um Personen mit Expertenkompetenz.

arbeitet hat und auf diesem Gebiet Experte ist, kann das Thema Leadership Storytelling in einem ganz speziellen Kontext betrachten. Insbesondere Personen aus dem Consultingbereich können einen großen Erfahrungsschatz vorweisen, der auch einen Bezug zu Leadership Storytelling haben kann. Neben Consultingmitarbeitern kommen Personen aus höheren Hierarchiestufen innerhalb der Bildungssektoren im Bereich Marketing, Kommunikation und Unternehmensführung als Experten in Frage, da diese Personen über ein breites Fachwissen verfügen und oftmals zuvor auch in vielen Unternehmen tätig waren und somit ein breites Fachwissen aus verschiedenen Organisationen haben. Ein weiteres Indiz für einen Expertenstatus stellen (Buch-)Veröffentlichungen dar, da diese zeigen, dass die Person sich in überdurchschnittlicher Weise mit einem Thema beschäftigt hat.

3.1.4 Leitfaden

Die Konzipierung des Interviewleitfadens basiert auf der Methodik von Gläser und Laudel.[270] Für die Leitfadenerstellung wurden zunächst Fragen gesammelt, die sich aus dem Theorieteil und der Forschungsfrage nach den Merkmalen, Potenzialen und Herausforderungen des Leadership Storytellings ergeben haben. Anschließend wurden die Fragen in eine logische Reihenfolge gebracht, um starke Themenwechsel während der Experteninterviews zu vermeiden.[271] Fragen wurden aussortiert, sofern sie weniger relevant für die Beantwortung der Forschungsfrage erschienen oder zu starke Ähnlichkeit zu anderen Fragen aufwiesen. Durch diese Verfahrensweise konnten inhaltliche Redundanzen vermieden werden. Der aus diesem Prozess hervorgegangene Interviewleitfaden wurde einem Pretest unterzogen. Änderungsvorschläge der Tester wurden zur Erstellung eines überarbeiteten Interviewleitfadens genutzt. So wurden u. a. folgende Änderungen vorgenommen.

Die erste Interviewfrage, mit welcher das Ziel verfolgt wird, mehr über den beruflichen Background der Experten zu erfahren, wurde durch die Formulierung „Würden Sie sich bitte kurz vorstellen?" erweitert.[272] Da diese Formulierung an sich eine geschlossene Frage ist, blieben auch die nachfolgenden Fragen Teil der Frage Nr. 1 bestehen. In der Einleitungsfrage der ersten Version des Interviewleitfadens, Frage Nr. 2, wurde die Formulierung „beste Geschichte" zu „einprägsame Geschichte" umformuliert, um den relativen Charakter der ursprünglichen Formulierung zu eliminieren. Nach der ersten Überarbeitung des Leitfadens wurde Frage Nr. 3, in welcher nach den Merkmalen einer Story gefragt wurde, konkretisiert, indem in der neuen Version des Interviewleitfadens nach den Merkmalen einer Leadership Story gefragt wurde. Die zu Frage Nr. 4 dazugehörige Nachfrage „Sollte

---

[270] Vgl. Gläser/Laudel, 2010, S. 111 ff.
[271] Die Leitfaden-Struktur geht aus den Spalten „Fragentyp" und „Ziel der Frage" hervor. Vgl. Anhang 2.
[272] Diese und die folgenden Änderungen resultierten in dem finalen Interviewleitfaden. Vgl. Anhang 2.

Storytelling öfter verwendet werden?" wurde – da es sich um eine geschlossene Frage handelt – erweitert, indem zusätzlich nach einer Begründung gefragt wurde. Mit dieser Änderung sollen kurze Antworten vermieden werden. Die Frage Nr. 5 in der ersten Version des Interviewleitfadens wurde als zu komplex eingeschätzt. Die Frage wurde daraufhin konkretisiert und je nach Experten angepasst. Die Frage „Auf was sollte beim Storytelling verzichtet werden?" blieb als Nachfrage erhalten. Frage Nr. 7 der ersten Version des Leitfadens – „Gibt es Situationen, in denen Führungskräfte vermehrt Storytelling nutzen?" – wurde durch den Tester mit dem Zusatz „Beschreiben Sie diese Situationen." versehen. Daraufhin erfolgte eine zweite Korrekturschleife mit minimalen Änderungen am Interviewleitfaden, sodass im Anschluss die finale Version des Leitfadens erstellt wurde.

Bei der Erstellung des Fragenkatalogs wurde das Hauptaugenmerk auf eine positive Fragenformulierungen gelegt. Das heißt, der Verfasser achtete darauf, dass die Experten insbesondere durch die ersten Interviewfragen nicht zu Antworten verleitet werden, die sich auf negative Aspekte bzw. Herausforderungen fokussieren. Positive Formulierungen können dazu beitragen, dass Antwortkategorien vermieden werden, weshalb die Interviewfragen überwiegend offen gestellt wurden: so wurde beispielsweise in Frage Nr. 8 gefragt, wann Führungskräfte Storytelling verwenden, ohne dass eine Fokussierung auf Changemanagement eine Richtung für die Antworten der Experten vorgegeben hätte. Mittels offener, positiv formulierter Fragen sollen Experten zum Nachdenken angeregt und der Erzählfluss gefördert werden. Trichterfragen,[273] welche die Antwortmöglichkeiten einschränken, aber den Vorteil haben, schnell zu nützlichen Antworten zu führen, spielen im Leitfaden keine wichtige Rolle. Trichterfragen sollen vielmehr spontan im Interview Anwendung finden, sofern dies in der Durchführung sinnvoll erscheint.

3.1.5 Durchführung

Die Interviewpartner wurden primär über ein berufliches Soziales Netzwerk ausgesucht und kontaktiert. Auf einen Interviewpartner wurde der Verfasser durch Onlinerecherchen aufmerksam. Hierbei handelte es sich um ein in einem Blog veröffentlichtes Interview. Alle sieben Interviewpartner wurden schriftlich für die Interviews angefragt. Bei der Auswahl geeigneter Experten wurde darauf geachtet, dass sie in Groß- oder mittelständischen Unternehmen gearbeitet haben oder über solche Unternehmen berichten können. Darüber hinaus wurde ein Augenmerk darauf gelegt, dass die Experten einen Blick auf verschiedene Branchen haben und somit ein Querschnitt unterschiedlicher Branchen gegeben ist. Diese und weitere Daten können der folgenden Experten-Übersicht entnommen werden.

---

[273] Trichterfragen helfen dabei, ein Themengebiet zunehmend spezialisiert zu betrachten, indem einzelne Details eines Themas in verschiedenen Stufen systematisch erfragt werden. Diese den Befragungsverlauf steuernden Fragen werden in der Literatur auch als Filterfragen oder Gabelungsfragen bezeichnet. Vgl. Atteslander, 1984, S. 126 ff.

Tabelle 3
Eckdaten der Experteninterviews

Nr.	Position in der Organisation	Berufserfahrung	Unternehmensgröße[274]	Branchen	Interviewzeitpunkt
1	Kommunikationsberatung	> 20 Jahre	ca. 7.000 MA	Lebensmittel und Getränke	17.01.22, 13.30 Uhr
2	Studiengangsleitung, Aufsichtsratstätigkeit	> 30 Jahre	ca. 250 MA	Bildung, IT, Handwerk	17.01.22, 17.00 Uhr
3	Kommunikationsberatung, Storytelling-Autor	> 30 Jahre	ca. 400 MA	Beratung	18.01.22, 9.00 Uhr
4	Consultant	> 20 Jahre	ca. 1.300 MA	Bankenwesen, Consulting	19.01.22, 10.30 Uhr
5	Autor, Dozent für Führungspsychologie und Unternehmensberatung	> 30 Jahre	ca. 8.400 MA	Bildung, Beratung, Wissenschaft und Technologie	20.01.22, 10.30 Uhr
6	Professor für Medienanalyse und Medienkonzeption	> 30 Jahre	ca. 200 MA	Bildung, Beratung	25.01.22, 10.00 Uhr
7	Filmdramaturg, Contententwickler, Storytelling-Autor	> 20 Jahre	Keine Angabe	Film, Politik, Beratung	27.02.22, 10.00 Uhr

Quelle: Eigene Darstellung.[275]

Die schriftlichen Anfragen an die Experten beinhalteten eine kurze Erklärung, warum der- oder diejenige für ein Interview ausgesucht wurde sowie einen Einladungstext in Form eines PDFs. Der Einladungstext enthielt die wichtigsten Eckinformationen zur Hauptforschungsfrage sowie allgemeine Informationen zum Ablauf des Interviews. Die Experteninterviews wurden teilstandardisiert und mithilfe eines Interviewleitfadens durchgeführt, welcher ausschließlich zur Unterstützung des Interviewers diente. Den Interviewleitfaden erhielten die Experten nicht

---

[274] Aufgelistet ist das größte Unternehmen, in dem der jeweilige Experte tätig war. Bei Interview 7 erfolgte keine Angabe, da die Organisation auf Wunsch des Experten nicht genannt werden sollte.
[275] Die Daten in Tabelle 3 basieren auf Angaben in den Experteninterviews, den Kurzportraits der Experten (vgl. Kapitel 3.2.1) sowie, im Falle der Mitarbeiterzahlen, auf einer Recherche auf der Unternehmenswebseite des jeweiligen Arbeitgebers. Als Teil der Anonymisierung werden diese Quellen nicht belegt.

vorab und auch nicht während des Interviews, sodass die Fragen von den Experten möglichst spontan zu beantworten waren. Zu Beginn der Interviews erfolgte eine Danksagung und eine Vorstellung des Interviewers. Zudem erhielten die Experten wichtige Informationen zum Ablauf der Interviews und den Zweck der Untersuchung. Am Ende der einleitenden Worte wurde um eine Aufzeichnungserlaubnis gebeten, welche alle Interviewten mündlich erteilten. Namen und sensible Informationen zu den Experten wurden anonymisiert. Im Anschluss wurden die Interviewfragen aus Anhang 2 unter Berücksichtigung wissenschaftlicher Standards gestellt. Dazu gehört beispielsweise, dass auch spontan gestellte Fragen möglichst ohne suggestiven Charakter gestellt wurden, um dadurch Antwortverzerrungen auszuschließen. Die Transkription der Interviews erfolgte automatisiert über eine KI-gestützte Software der Plattform *Ambersript.com* mit anschließender manueller Überarbeitung.

3.2 Ergebnisdarstellung

3.2.1 Kurzportrait der Experten

Experte 1 (E1) absolvierte ein Studium der Kommunikationswissenschaften und berät seit über 20 Jahren Unternehmen in Kommunikationsangelegenheiten, sowohl in der internen, als auch externen PR. E1 arbeitete 14 Jahre für einen international erfolgreichen Erfrischungsgetränke-Hersteller, wovon ein großer Teil der dortigen Tätigkeit Bezug zum *Corporate Storytelling* aufwies. In der Leadership-Kommunikation lag der Fokus von E1 insbesondere auf der krisenbedingten reaktiven Kommunikation. Seit 2021 ist die Person selbstständig in der Kommunikationsberatung tätig.[276]

Experte 2 (E2) leitet seit 15 Jahren einen dualen Studiengang mit Fachrichtung Betriebswirtschaftslehre sowie Kommunikation und kennt den Begriff Storytelling insbesondere als Teil der Unternehmenskommunikation. Durch diese leitende Tätigkeit hat E2 Einblicke in viele mittelständische Unternehmen gewinnen können, welche im Rahmen des Studienangebots als Ausbildungsbetriebe präsent sind. Darüber hinaus war E2 zehn Jahre lang als Vorsitz im Aufsichtsrat bei einem mittelständischen Unternehmen tätig.[277]

Experte 3 (E3) arbeitete 25 Jahre in einer renommierten deutschen Kommunikationsagentur und war in den Bereichen Marketing, Öffentlichkeitsarbeit, Unternehmens- und Führungskommunikation tätig. Berührungspunkte zum Storytelling entstanden bei E3 bereits während eines Studiums der Philologie, bei dem es unter anderem um die Struktur guter Geschichten ging. Später gewann E3 durch Publi-

---

[276] Vgl. E1, 2022, o. S.; E1, o. J., o. S.
[277] Vgl. E2, 2022, o. S.; E2, o. J., o. S.

kationen und Rednerbeiträge zum Thema Storytelling an Bekanntheit. Derzeit ist E3 selbstständig in der Kommunikationsberatung.[278]

Experte 4 (E4) hat langjährige Erfahrung in der Consultingbranche. E4 arbeitete im Consulting für international tätige Beratungsfirmen in Deutschland (zu geringerem Anteil auch in Frankreich) und beriet in deren Auftrag unter anderem DAX-Unternehmen. Im Fokus der Arbeit von E4 stehen organisatorische Changeprozesse, darüber hinaus auch agile und digitale Veränderungen in Groß- und mittelständischen Unternehmen. Seit 2011 ist E4 selbstständige Consultingberaterin. Wenige Jahre später erfolgte durch E4 die Gründung eines Netzwerks von Beratern und selbstständigen Experten in der Consultingbranche.[279]

Experte 5 (E5) ist Seniorlektor für Führungs- und Wirtschaftspsychologie an einer deutschen Hochschule. Im Fokus seiner Leadership-Forschung stehen Themen wie psychologisches Kapital, Anpassungsintelligenz und Neugier im beruflichen Kontext. In seiner Forschung betrachtet er unter anderem Zusammenhänge zwischen der Anpassungsintelligenz des Menschen und seiner Veränderungsbereitschaft. Seit über 20 Jahren ist er Redner und Moderator und schreibt Beiträge für renommierte wissenschaftliche Magazine und Tageszeitungen.[280]

Experte 6 (E6) ist seit mehr als 20 Jahren in Unternehmen als Coach und Berater für Kulturentwicklungs-, Strategie-, und Changeprojekte tätig. Teil dieser Arbeit ist die Durchführung von Kunden- und Mitarbeiterbefragungen mittels Storylistening.[281] Die Auswertung von Geschichten aus Organisationen erfolgt dabei auf Grundlage erzähltheoretischer und semiotischer Methoden, u.a. der Storytelling-Analyse.[282]

Experte 7 (E7) studierte Philosophie, Germanistik, Medien- und Kommunikationswissenschaften. Nach dem Studium arbeitete E7 als Dramaturg und entwickelte Drehbücher für Spielfilme. Seit über zehn Jahren beschäftigt E7 sich beruflich intensiv mit dem Thema Storytelling und fokussierte sich auf den Bereich des *Business Storytellings*, später auf das politische Storytelling. E7 verfasste darüber hinaus ein Buch, welches sich mit der Content-Entwicklung guter Geschichten befasst.[283]

---

[278] Vgl. E3, 2022, o. S.; E3, o. J., o. S.
[279] Vgl. E4, 2022, o. S.; E4, o. J., o. S.
[280] Vgl. E5, 2022, o. S.; E5, o. J., o. S.
[281] Storylistening beschreibt das Sammeln von Geschichten in Organisationen mit dem Ziel der Auswertung der so gewonnenen Daten mittels erzähltheoretischer und semiotischer Methoden, um Grundannahmen und verborgene Regeln der Mitarbeiter in Organisationen herauszustellen. Vgl. E6, 2022, Z. 6–9.
[282] Vgl. E6, 2022, o. S.; E6, o. J., o. S.
[283] Vgl. E7, 2022, o. S.; E7, o. J., o. S.

3.2.2 Transkriptionsregeln

Maßgebend für die Transkription der Experteninterviews sind die in Anlehnung an Lamnek erstellten Transkriptionsregeln,[284] wie sie Tabelle 9 zu entnehmen sind. Da Verzögerungssignale wie „ähm" oder „äh" nicht von Relevanz im Rahmen der Auswertung der Experteninterviews sind, wurden diese nicht im Wortlaut verschriftlicht. Entstand durch Verzögerungssignale eine Denkpause, welche länger als üblich erschien, so wurde an dieser Stelle eine doppelte Klammer gesetzt, in welcher die Dauer der dadurch entstandenen Unterbrechung in Sekunden steht. Satzzeichen, insbesondere Kommata, wurden unter Berücksichtigung der Betonung so gesetzt, dass der Inhalt der Sätze bestmöglich erhalten blieb. Umgangssprache wurde weitestgehend ins Hochdeutsche übertragen. So wurde zum Beispiel das Wort „net" mit „nicht" oder der Ausdruck „wird's" mit „wird es" verschriftlicht. Gründe für nicht verschriftlichte Passagen können sein:

- Konversationen mit Dritten während einer Unterbrechung, zum Beispiel ein Telefongespräch
- Nichtverschriftlichung auf Wunsch des Befragten
- Gesprächspassagen nach dem offiziellen Interview-Teil

Gespräche nach dem Interview enthielten teilweise für die Beantwortung der Forschungsfrage nützliche Informationen, weshalb ausgewählte Passagen mit unterschiedlich langen, nicht verschriftlichten Zwischenpassagen an das Ende des Interviews gehangen wurden, damit diese ebenso mit konkreter Quellenangabe zitiert werden konnten. Nach Fertigstellung der Transkription wurden die Interviewaufnahmen gelöscht, da die Aufnahmen für die weitere Forschung nicht relevant sind und die Löschung in Einklang mit den Absprachen der Befragten stand. Eine Überprüfung der Aussagen ist nach Absprache und auf Anfrage weiterhin über die Kontaktaufnahme zu den Experten möglich.

3.2.3 Paraphrasierung und Kodierung

Das Kapitel 3.2.3 dient der Sequenzierung von Passagen aus den Experteninterviews zu thematischen Einheiten. Die Auswertung der Interviews hinsichtlich der Merkmale, Potenziale und Herausforderungen des Leadership Storytellings erfolgt in Anlehnung an Dacin und Kollegen mittels eines induktiven Auswertungsverfahrens.[285] Damit werden die durch die Interviews gewonnenen Primärdaten abstrahiert, indem die Daten durch das Bilden übergeordneter Kategorien verdichtet werden.[286]

---

[284] Vgl. Lamnek, 2010, o. S.
[285] Vgl. Dacin et al., 2010, S. 1393 ff.
[286] Vgl. Döring/Bortz, 2016, S. 604.

Bei der vorangestellten Auseinandersetzung hinsichtlich der Definitionsansätze bezüglich des Leadership Storytellings erfolgte eine vereinfachte Kodierung, da dem Verfasser hier eine Kategoriebildung aufgrund der geringen Anzahl an Dimensionen weniger sinnvoll erschien und der Fokus auf dem Abgleich der Definitionen aus Theorie und Praxis gelegt werden soll.

3.2.3.1 Definitionsansätze des Leadership Storytellings aus theoretischer und praktischer Sicht

In Tabelle 1 wurden Storytelling-Definitionen von verschiedenen Autoren zusammengetragen. Mládková definierte eine Story als „complex system of symbols"[287]. Kosara und Mackinlay spezifizieren eine Story als „ordered sequence of steps, each of which can contain words, images, visualizations, video, or any combination thereof"[288]. Beispiele dafür liefern Watts und Kollegen, indem sie „novels, memoirs, biographies, radio stories, songs, television shows, movies, and theatrical dramas"[289] als mögliche Szenarien für Stories, welche sich in Umfang und Form unterscheiden können, beschreiben.[290] Hillmann und Thier definieren Storytelling als Methode und Form der Kommunikation.[291]

Die empirische Untersuchung mittels Experteninterviews im Rahmen dieses Beitrags ergab, dass aus Sicht von Praktikern unterschiedliche Definitionsansätze für Leadership Storytelling möglich sind. E3 definiert Storytelling als „rhetorische Technik"[292]. Ebenso sieht E2 eine Themenverwandtheit von Storytelling und Rhetorik.[293] E5 führt aus, dass der „aktive Teil der Empfänger"[294], der durch eine Live-Komponente im Storytelling vorhanden ist, ein wichtiges Merkmal einer Story darstellt.[295] So kann den Interviews anhand der Definition von Storytelling als rhetorische Technik durch E3 und durch das von E5 angesprochene Element der Live-Komponente entnommen werden, dass Printbilder und das geschriebene Wort nicht zur Storytelling-Definition dieser zwei Experten gehören.[296] Bei den interviewten Experten aus dem Bereich Social Media,[297] Film[298] und Veranstaltungsmanagement[299] ist eine weitgefasste Definition von Storytelling erkennbar.

---

[287] Mládková, 2013, S. 84.
[288] Kosara/Mackinlay, 2013, S. 44.
[289] Watts et al., 2017, S. 276.
[290] Vgl. Watts et al., 2017, S. 276.
[291] Vgl. Thier, 2010, S. 17; Hillmann, 2011, S. 63 f.
[292] E3, 2022, Z. 347.
[293] Vgl. E2, 2022, Z. 189–191.
[294] E5, 2022, Z. 107.
[295] Vgl. E5, 2022, Z. 100–101.
[296] Vgl. E5, 2022, Z. 100–101; E3, 2022, Z. 347.
[297] Vgl. E1, 2022, Z. 14,15; E1, o. J., o. S.
[298] Vgl. E7, 2022, Z. 4–12.
[299] Vgl. E2, 2022, Z. 6–12.

E7 zufolge sind aus dramaturgischer Sicht auch religiöse Schriften wie die Thora oder Bibel dem Begriff Storytelling zuzuordnen – beide Werke sind eine Ansammlung einzelner Stories.[300] Laut E1 kann auch ein Plakat dem Storytelling dienen,[301] wenngleich bei diesem Beispiel angemerkt werden muss, dass es sich bei dem Plakat als Beispiel im Interview um die Kommunikation gegenüber Kunden der Firma handelte und es somit kein explizites Beispiel für Leadership-Kommunikation ist. E1 führte weiterhin aus, dass Videos ein Teil des Leadership Storytellings sein können, zum Beispiel indem kurze Videos insbesondere in Zeiten, in denen eine Präsenz der Mitarbeiter in der Firma nicht möglich ist, als Kommunikationsmittel zwischen Führungskraft und Mitarbeiter fungieren.[302] Die Sichtweise, dass Storytelling mittels Video oder Text erfolgen kann, steht im Einklang mit der in Tabelle 1 aufgelisteten Definition von Watts und Kollegen, nach welcher zum Beispiel Romane und Filme ebenfalls Stories sind.[303] E2s Definition, dass auch visuelle Effekte bzw. Erscheinungen, zum Beispiel ein Kleidungsstil[304] und Verhaltensmuster,[305] als Storytelling deklariert werden können, kann als die am weitesten gefasste Sichtweise auf Storytelling angesehen werden.

Die Sichtweisen auf Leadership Storytelling können nach der vorangegangenen Betrachtung[306] im Wesentlichen in zwei Kategorien eingeteilt werden. Die Definitionsansätze bezüglich Storytelling lassen sich in zwei übergeordnete Kategorien einteilen. In der ersten Kategorie wird Storytelling als persönliches Erzählen einer Geschichte und in diesem Zusammenhang als rhetorische Technik verstanden, die live Anwendung findet und so von der persönlichen Face-to-Face-Kommunikation lebt. Die persönliche Kommunikation ermöglicht eine direkte Interaktion zwischen Menschen.[307, 308] Die zweite Kategorie beinhaltet Sichtweisen auf Storytelling, welche über das gesprochene Wort und die zwischenmenschliche Interaktion hinausgehen und Bilder, Videos und Texte inkludieren.[309] Auf Basis dieses Wissens um die Definitionsvariationen des Leadership Storytellings erfolgt nun die Auseinandersetzung mit den Merkmalen von Stories.

---

[300] Vgl. E7, 2022, Z. 592–595.
[301] Vgl. E1, 2022, Z. 388–393.
[302] Vgl. E1, 2022, Z. 152–155.
[303] Vgl. Watts et al., 2017, S. 276.
[304] Vgl. E2, 2022, Z. 85–89.
[305] Vgl. E2, 2022, Z. 210–212.
[306] Vgl. Anhang 3.
[307] Vgl. E6, 2022, Z. 112–115; E5, 2022, Z. 100–101; E3, 2022, Z. 347.
[308] Laut E6 findet Storytelling überwiegend im persönlichen Gespräch statt. Eine Interaktion ist insofern wichtig, als dass in der narrativen Analyse ein Storylistening stattfindet. Vgl. Tabelle 5; E6, 2022, Z. 112–115.
[309] Vgl. Anhang 3.

3.2.3.2 Merkmale des Leadership Storytellings aus Sicht der Experten

Die Auswertung der in den Experteninterviews angesprochenen Merkmale des Leadership Storytellings erfolgt im Folgenden in zwei Ordnungsstufen. Zur Untersuchung der Merkmale erfolgte keine Paraphrasierung, da die Charakteristika des Leadership Storytellings 1:1 aus den Experteninterviews in die Auswertung via Tabelle 4 zusammengetragen werden konnten. Die aus den Merkmalen aggregierten Dimensionen lauten: Narrativ, Pathos, Ethos und Logos. Unter dem Begriff Narrativ ist zusammengefasst, was erzählt wird und auf welche Weise es erzählt wird. Struktur und Inhalt sind hier die wesentlichen Elemente des Leadership Storytellings. Pathos, Ethos und Logos bilden zusammengenommen das *Rhetorische Dreieck*. Aristoteles lehrte, dass die Überzeugungskunst darin bestehe, das Publikum unter Berücksichtigung dieser drei Aspekte anzusprechen. In der folgenden Auflistung ist die Bedeutung der Begriffe Pathos, Ethos und Logos nach Lutzke und Henggeler zusammengefasst.[310]

– Pathos bezieht sich auf das Publikum und steht für Werte und Glaubenssätze. Mit Pathos wird an die mitfühlende Vorstellungskraft und an Emotionen appelliert.

– Ethos bezieht sich auf den Autor und steht für Ethik und Glaubwürdigkeit. Mit Ethos wird an den Charakter appelliert.

– Logos bezieht sich auf den Text und steht für Logik und einen speziellen Grund. Mit Logos wird an die Vernunft appelliert.

Aus diesem Wissen zum Rhetorischen Dreieck lässt sich für die Praxis eines Leaders folgendes ableiten: eine erzählte Story ist wirkungsvoll und schafft einen positiven Impact, wenn sie auf logischen Gedankengängen aufbaut (Logos), durch die Glaubhaftigkeit des Leaders untermauert wird (Ethos) und eine durch Emotionen verstärkte Botschaft vermittelt (Pathos).

---

[310] Vgl. Lutzke/Henggeler, 2009, o. S.

Tabelle 4
Interviewauswertung I – Merkmale des Leadership Storytellings

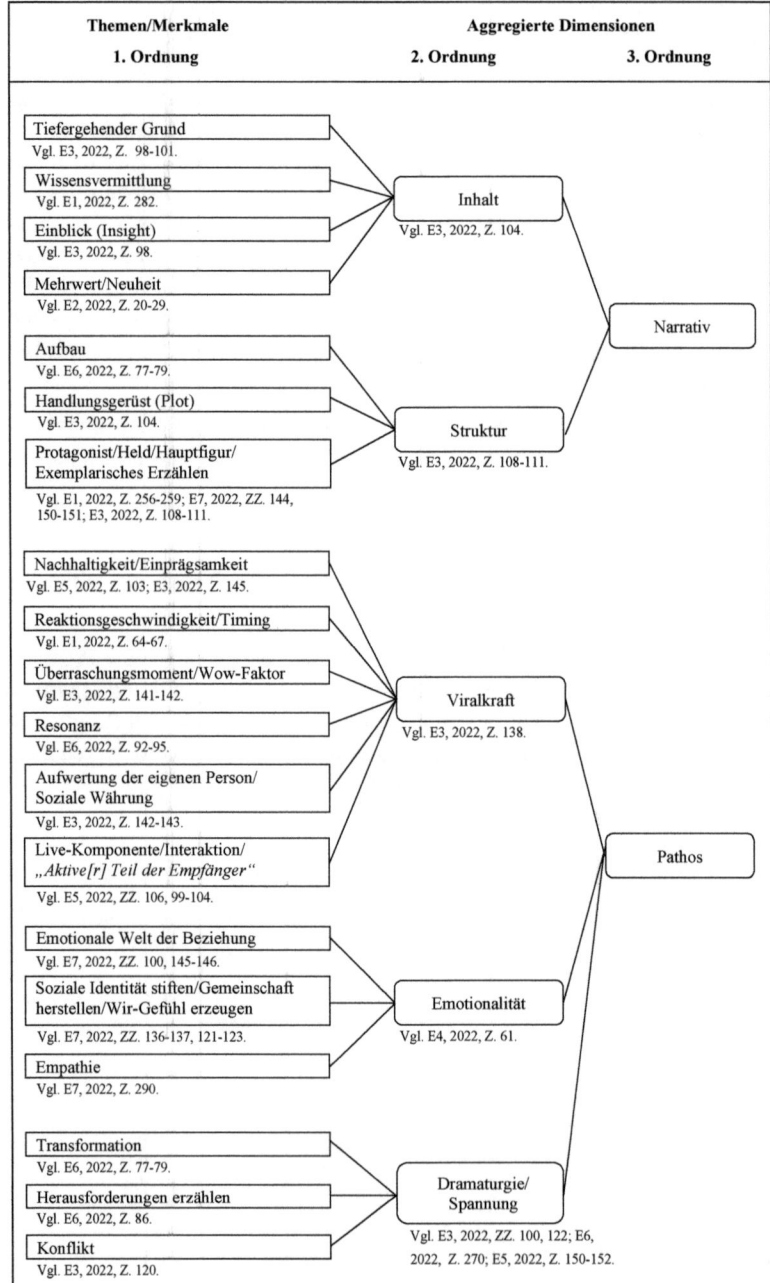

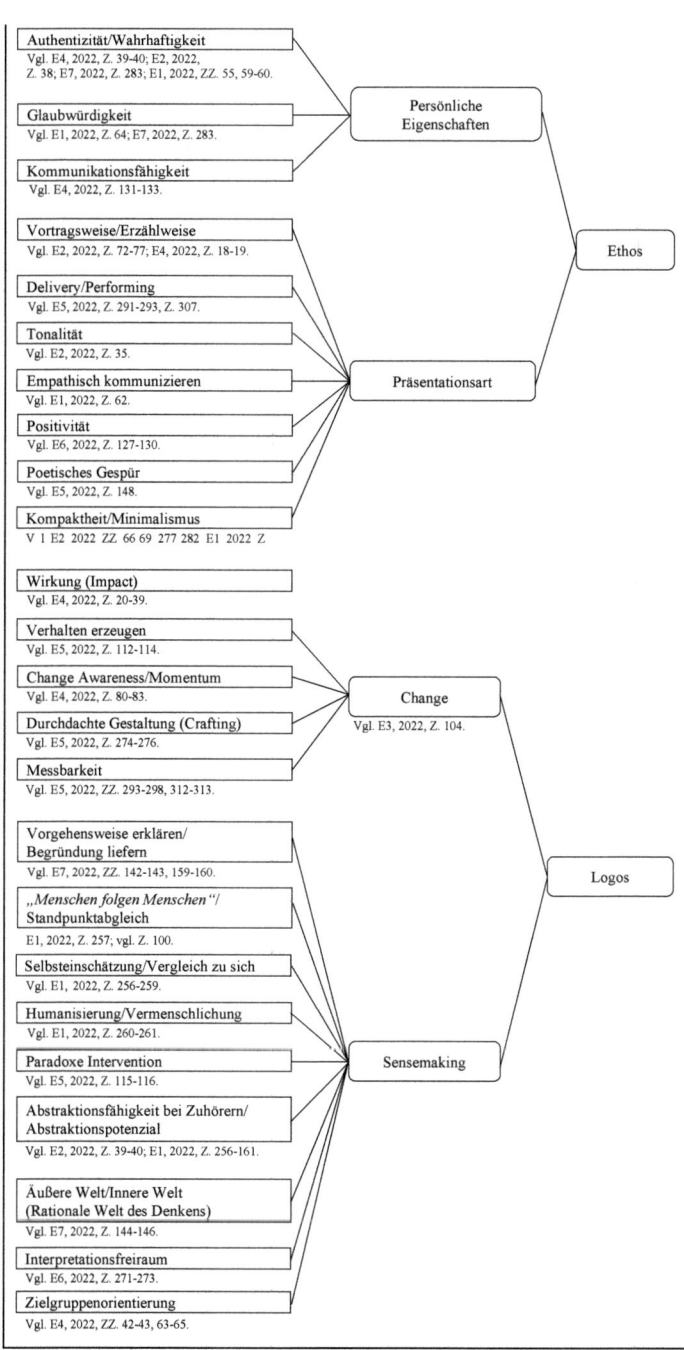

Quelle: Eigene Darstellung.

3.2.3.3 Potenziale des Leadership Storytellings aus Sicht der Experten

Tabelle 5
Datenstruktur der Interviewauswertung zu Potenzialen des Leadership Storytellings

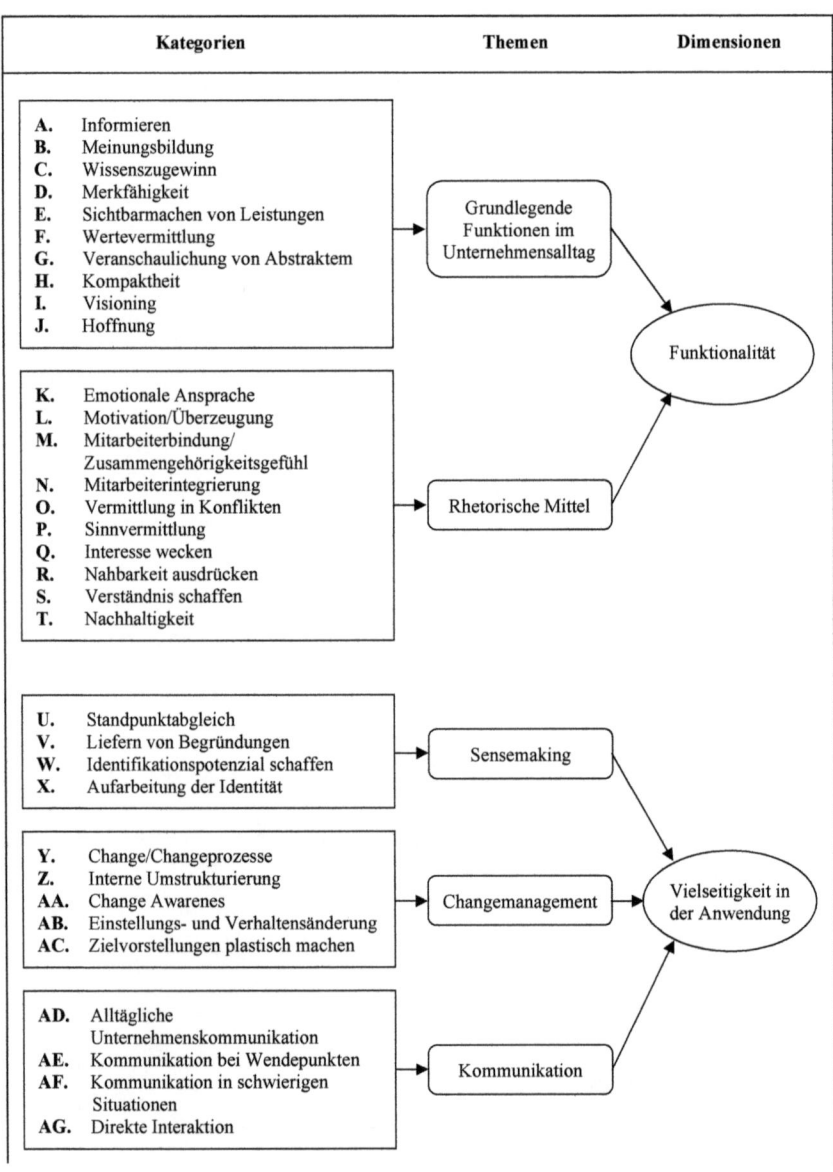

3.2 Ergebnisdarstellung

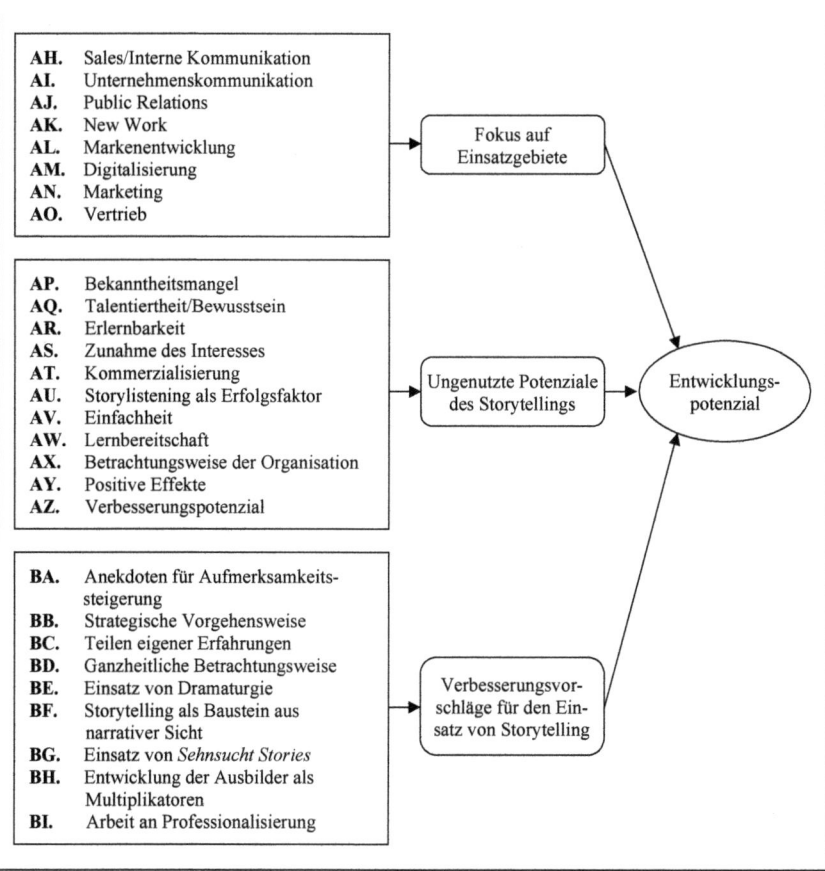

Quelle: Eigene Darstellung.

3.2.3.4 Herausforderungen des Leadership Storytellings aus Sicht der Experten

Tabelle 6
Datenstruktur der Interviewauswertung zu Herausforderungen des Leadership Storytellings

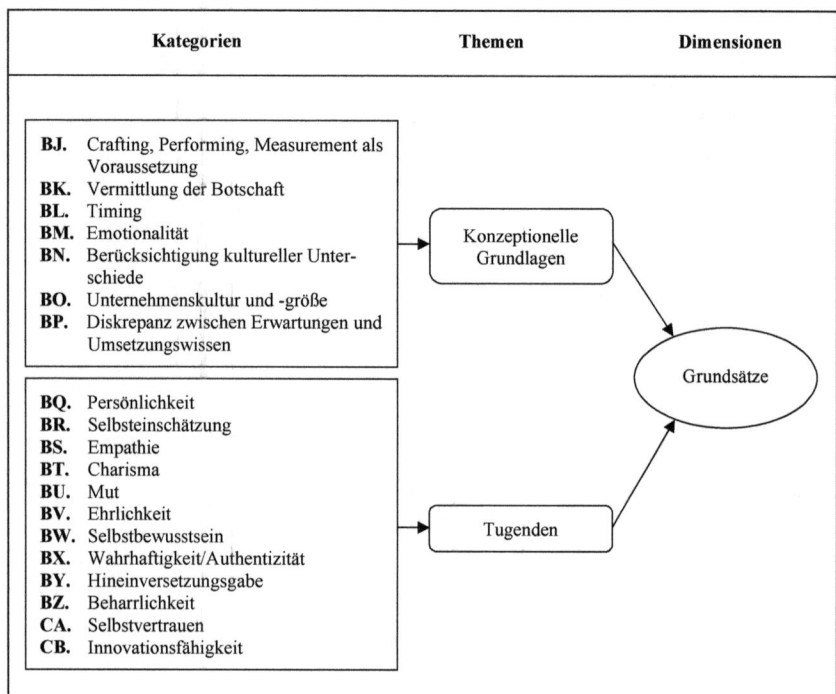

3.2 Ergebnisdarstellung

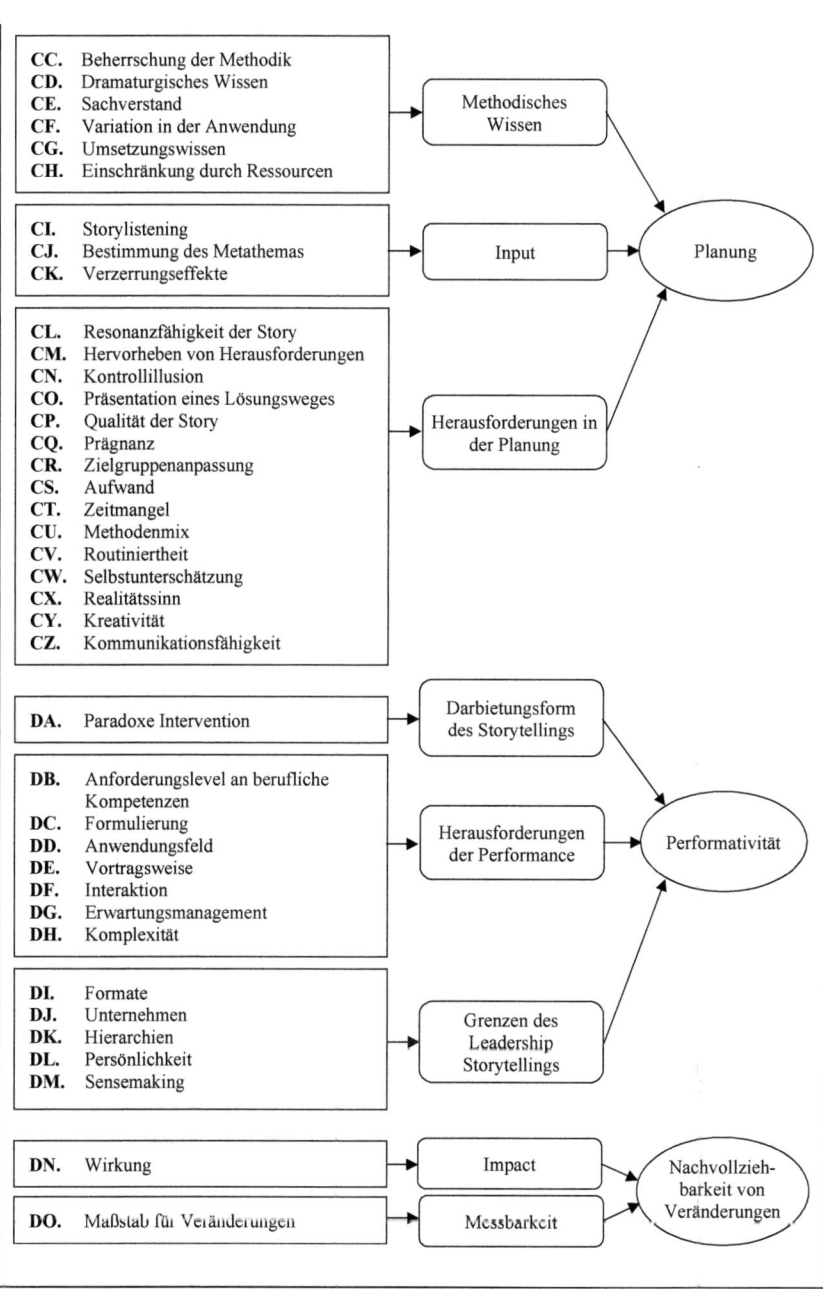

Quelle: Eigene Darstellung.

4. Diskussion der gewonnenen Erkenntnisse aus den Experteninterviews

4.1 Limitationen des Forschungsbeitrags

In diesem Beitrag wurden die Themen Storytelling, Changemanagement, Sensemaking, interne Unternehmenskommunikation und Leadership behandelt und deren Synergien untersucht. Auch wenn einzelne Bereiche wie Leadership Storytelling und Changemanagement themenverwandt sein können, so erschwert es die Auswahl der Experten, welche dadurch mehr Kriterien erfüllen müssen, um als Interviewpartner in Frage zu kommen. Der in diesem Beitrag liegende Fokus auf eine facettenreiche Betrachtung des Forschungsthemas bedeutet hingegen auch, dass die Antworten der Experten nicht auf derselben Ebene vergleichbar sind. Dies kann beispielsweise anhand von unterschiedlichen Definitionsvarianten der Experten hinsichtlich des Begriffs Leadership Storytelling begründet werden. Der Hauptunterschied in der Sichtweise auf Leadership Storytelling liegt darin, dass ein Teil der Experten zwischen verbalem und nonverbalem Storytelling unterscheidet. Darüber hinaus ist zu berücksichtigen, dass in den Interviews keine regionalen Abgrenzungen bezüglich des Forschungsthemas vorgenommen wurden. Alle Antworten beziehen sich auf den deutschsprachigen Raum.[311]

Hinsichtlich der Durchführung der Interviews ist anzumerken, dass alle Interviews online stattfanden. Irvine und Kollegen zeigten, dass Telefoninterviews im Vergleich zu persönlichen Interviews kürzere Redebeiträge enthalten und auf diese Weise Interviewte häufiger nachfragen, ob Antworten passend zur Frage sind.[312] Ähnliche Effekte sind bei Video-Interviews als Zwischenform von Telefon- und Face-to-Face-Interviews nicht auszuschließen. Bailenson liefert ein Indiz für diese These und spricht über die sogenannte *Zoom Fatigue*, mit welcher der Umstand beschrieben wird, dass Videoanrufe anstrengend für den menschlichen Körper sind.[313] Der für diesen Beitrag gewählte Interviewmodus, das Videointerviews, ist ein Kompromiss aus Telefoninterviews mit geringerer Informationsintensität und eines, aufgrund der Reise zum Interviewort zeit- und kostenaufwendigen, persönlichen Experteninterviews. Gleichzeitig ermöglicht und erleichtert der Interview-

---

[311] Das Interview mit E4 stellt einen Ausnahmefall dar, da die Befragte berufliche Erfahrung in Deutschland, als auch im Ausland sammeln konnte. Im Interview selbst erfolgte keine Unterscheidung aufgrund von Regionen oder Ländern, in dem Fall Deutschland und Frankreich.
[312] Vgl. Irvine et al., 2010, S. 1 ff.
[313] Vgl. Bailenson, 2021, o. S.

modus schwer erreichbaren Experten mit hoher Arbeitslast und Zugehörigen eines relativ kleinen Forschungsbereiches die Teilnahme am Interview.[314]

Weitere Limitationen bestehen in der Auswertung der Interviews. Der thematische Vergleich, aus dem Gemeinsamkeiten und Unterschiede hervorgehen, ist maßgeblich durch das Vorgehen geprägt. Schließlich gilt es überindividuell – das heißt, über die einzelnen Antworten des Interviews hinausgehend – Gemeinsamkeiten aus den getätigten Aussagen zu extrahieren.[315] In der Paraphrasierung und Kodierung wurden jedoch auch einzelne Aussagen aufgegriffen, die – auch, wenn sie keine Erwähnung bei anderen Experten fanden – als so wichtig angesehen wurden, dass sie Teil der Auswertung geworden sind. Das führt zu dem Schluss, dass auch konträre Expertenmeinungen in die Auswertung eingeflossen sind, zum Beispiel, wenn es darum geht, ob Leadership Storytelling auch nonverbal erfolgen kann und ob die Live-Komponente zwingend zum Leadership Storytelling gehören muss. An dieser Stelle sei anzumerken, dass die Abhandlung von Limitationen innerhalb des Kapitels an dieser Stelle zugunsten der Fokussierung auf die wesentlichen Grenzen des Forschungsbeitrags zwar endet, eine umfangreichere Betrachtung natürlich dennoch möglich und empfehlenswert ist.

4.2 Praktische Handlungsempfehlungen

E5 warf im Experteninterview die Frage auf, was die Gründe für die große Diskrepanz zwischen den „Heilserwartungen" des Leadership Storytellings und dem geringen Verständnis für die Umsetzungsmöglichkeiten sind (BP1).[316] Der Erfolg einer Story steht im Zusammenhang mit der Beherrschung der Methodik für das Storytelling durch den Erzähler (CC1). Es bedarf eines umfangreichen Wissens für die Umsetzung (CC-CG). Aus diesem Grund ist die Auseinandersetzung mit den Merkmalen einer Leadership Story von hoher Bedeutung. Anhand der in Tabelle 4 zusammengetragenen Merkmale aus den Experteninterviews ist erkennbar, wie umfangreich jene Story-Merkmale bspw. im Vergleich zu anderen Ansätzen sind. Dennings Theorie der vier Bedingungen einer guten Geschichte beinhaltet die Elemente Erzählstil, Wahrheit, Aufbereitung und Überbringung.[317] Harringer und Maier erachten an der Zahl vier grundlegende Elemente einer Story als unabdingbar: Botschaft, Charaktere, Konflikt und Plot.[318] So liefert Denning in nachgelagerten Erklärungen weitere Wesensmerkmale einer Story, zum Beispiel den Effekt

---

[314] Vgl. Döring/Bortz, 2016, S. 152.
[315] Vgl. Meuser/Nagel, 1991, S. 451 f.
[316] Angaben in Klammern, bestehend aus einer (Zahlen-)Buchstaben-Kombination, verweisen auf das Zitat bzw. die Zitate mit der vorangestellten, namensgleichen Kennzeichnung in Tabelle 10 und Tabelle 11.
[317] Vgl. Denning, 2005, S. 25 f.
[318] Vgl. Harringer/Maier, 2009, S. 11.

des Sensemakings, der durch die Geschichte ausgelöst werden soll.[319, 320] Harringer und Maier gehen im Vergleich zu Denning nicht auf die Erzählweise ein. Aus den Antworten der Experten in den Interviews kann extrahiert werden, dass auch die Präsentationsart wesentlich zu einer Geschichte gehört.[321] Aus diesen Begebenheiten ergibt sich Handlungsempfehlung 1.

> **H1.** *Basis für Leadership Storytelling ist das Wissen über Charakteristik von Stories. Führungskräfte sollten sich intensiv mit den Merkmalen von Stories auseinandersetzen, damit die Planung und Umsetzung von Leadership Stories gelingt.*

Der *Reason Why*, das heißt, der Grund, warum eine Führungskraft eine Geschichte erzählt, ist zum einen ebenso ein Merkmal einer *Leadership Story*. Zum anderen kann es als Anhaltspunkt dafür betrachtet werden, warum Geschichten durch Leader genutzt werden. Besonders anspruchsvoll ist die interne Kommunikation bei emotionalen Themen wie Stellenabbau oder Todesfällen.[322] Die Auswertung der Experteninterviews schuf weitere Anhaltspunkte für Anwendungsfelder des Storytellings. Neben der internen und externen Kommunikation in Unternehmen werden Geschichten vor allem dann erzählt, wenn ein Change in einer Organisation hervorgerufen wurde, aktuell geschieht oder wenn Stakeholder auf zukünftige Veränderungen im Unternehmen vorbereitet werden sollen.[323] *New Work*, der strukturelle Wandel der Arbeitswelt, der zum Beispiel durch die Zunahme des Führens auf Distanz in Erscheinung tritt,[324] stellt ein mögliches Anwendungsfeld des Storytellings dar (AK1). Laut E3 eignet sich Storytelling jedoch nur bedingt für eine Anwendung via Programme wie *Teams* oder *Zoom* (DI1). Laut E4 kann Storytelling zu Beginn eines Consultingprojektes von besonderer Bedeutung sein, da es die Möglichkeit bietet, *Change Awareness* zu schaffen (AA1). *Change Awareness* heißt, dass von einem Wandel betroffene Mitarbeiter die Gründe für einen Change verinnerlicht haben, diesen erklären können und sich den Risiken des Verwehrens dieses Wandels bewusst sind.[325] Obwohl Kommunikation ein großes Anwendungsfeld für Storytelling ist, muss kritisch angemerkt werden, dass sich die Methode nicht für jeden Zweck gleichermaßen effektiv oder auch sinnvoll einsetzen lässt (DD1). Die Vorstellung der Bilanz eines Unternehmens als Ganzes eignet sich laut E3 beispielsweise wenig für Storytelling. Allerdings kann

---

[319] Vgl. Denning, 2005, S. 32 f.
[320] Denning beschreibt an dieser Stelle, welche Effekte Gerstners Rede hatte und wie sie wirkte. Der Autor erklärt zum Beispiel, dass mit Stories nicht versucht wird mit Argumenten zu überzeugen. Er schreibt ferner, dass die Zuhörer lediglich in die Lage versetzt werden, den Standpunkt des Redners nachvollziehen zu können. Die Zuhörer sollen eigenständig die Geschehnisse überprüfen, bewerten und akzeptieren. All diese Effekte, die an dieser Stelle nicht vollzählig aufgelistet wurden, werden an obiger Stelle im Fließtext als Sensemaking umrissen. Vgl. Denning, 2005, S. 32 f.
[321] Vgl. Tabelle 4.
[322] Vgl. Zollinger, 2013, S. 7.
[323] Vgl. Tabelle 10.
[324] Vgl. Reetz/Köpp, 2021, S. 45 f.
[325] Vgl. The Center of Government Innovation, 2020, o. S.

durch eine Geschichte durchaus auf einen wichtigen Aspekt innerhalb der Bilanz aufmerksam gemacht werden (E2).[326] Aus diesen Punkten ergibt sich folgende Handlungsempfehlung.

> **H2.** *Leadership Stories haben ein breites Anwendungsgebiet und können ein effektives Tool in der Unternehmenskommunikation sein. Führungskräfte sollten dennoch prüfen, ob Leadership Storytelling im jeweiligen Anwendungsfall für die Erreichung des gewählten Ziels geeignet und sinnvoll ist.*

Tugenden spielen laut den interviewten Experten eine bedeutende Rolle für den Erfolg von Leadership Stories (BQ-CB). So hebt E7 die Persönlichkeit hervor, welche eine Führungskraft zu einem guten Storyteller werden lassen kann (BQ1). Als wichtige Eigenschaften für das Erzählen von Geschichten werden beispielsweise Empathie (BS), Charisma (BT), Mut (BU) und Wahrhaftigkeit (BX) angesehen. Im Kontrast zu *Great Man Leadership*-Theorien nach welchen Leadership-Fähigkeiten nicht erlernbar sind,[327] steht E3s Aussage, dass jeder Mensch Geschichten erzählen kann.[328] Gegen die These der *Great Man Leadership*-Theorien spricht auch, dass die meisten wertschöpfenden Kooperationen in Organisationen durch Mitarbeiter entstanden, welche nicht als *High Potentials*[329] identifiziert werden. Diese Mitarbeiter können über die Hälfte der Belegschaft ausmachen.[330] Laut E2 kann nahezu jeder Mensch Storytelling,[331] wenngleich auch angemerkt werden muss, dass die beiden Experten Storytelling unterschiedlich definieren.[332] Auch Howanietz hebt hervor, dass jeder Mitarbeiter Geschichten erzählen kann.[333] E2 merkt an, dass die Ausprägung der Fähigkeit, Geschichten zu erzählen, unterschiedlich ausfallen kann.[334] Hemmungen bei der Anwendung von Leadership Stories bestehen durch falsche Annahmen wie jene, dass Erzählungen dramatisch sein müssen.[335] E1 beschreibt Storytelling als erlernbare Fähigkeit (AR1). E3 führt dazu aus, dass Storytelling vor allem dann spontan wirkt, je öfter es geübt wurde (CV1). Die Aussagen der Experten stehen im Einklang mit Annahmen von Verhaltenstheorien, nach welchen die Leadership-Fähigkeiten das Resultat eines Lernprozesses und der persönlichen Entwicklung einer Führungskraft sind.[336] Ein wichtiger Vorgang besteht in der Bewusstwerdung von Führungskräften hinsichtlich des Einsatzes von Storytelling. Leader wissen teilweise nicht, dass sie Stories als Kommunikationsmittel

---

[326] An dieser Stelle wird auf E2 aus Tabelle 10 verwiesen, nicht auf Experte 2 mit gleichnamiger Bezeichnung E2.
[327] Vgl. Mládková, 2013, S. 84.
[328] Vgl. E3, 2022, Z. 381–387.
[329] Als *High Potentials* können Nachwuchskräfte mit hoher Leistungsfähigkeit und -bereitschaft verstanden werden.
[330] Vgl. Cross et al., 2021, S. 67.
[331] Vgl. E2, 2022, Z. 260–261.
[332] Vgl. Anhang 3.
[333] Vgl. Howanietz, 2022, S. 47.
[334] Vgl. E2, 2022, Z. 261–262.
[335] Vgl. E3, 2022, Z. 381–387.
[336] Vgl. Mládková/Jedinák, 2009, S. 66.

nutzen. Hierin liegt ein Potenzial für die Weiterentwicklung der Fähigkeiten von Mitarbeitern.[337]

H3. *Es besteht ein signifikanter Zusammenhang zwischen der Güte der Führungskompetenz eines Leaders und dessen Fähigkeit wirksame Stories zu erzählen. Storytelling ist erlernbar und Übung ein wichtiger Aspekt für den Erfolg bei der Kommunikation mittels Stories. Führungskräfte sollten sich ihren Kompetenzen sowie charakterlichen Eigenschaften bewusst werden und diese aktiv weiterentwickeln.*

Leadership Storytelling erweist sich als Kommunikationstool mit guter Funktionalität für Organisationen. Es erfüllt eine Vielzahl grundlegender Funktionen im Unternehmensalltag. Dazu gehören unter anderem das Informieren von Mitarbeitern (A), das Sichtbarmachen von Leistungen (E) und das Vermitteln von Unternehmenswerten (F). E7 sieht in der Herstellung eines Zusammengehörigkeitsgefühls und im Stiften sozialer Identitäten die Hauptfunktion des Storytellings (M2). E3 hebt die Stärkung eines Teams mittels Storytelling hervor (M3). Führungskräfte können durch das Erzählen von Stories zur Bindung von Mitarbeitern an eine Organisation beitragen (M5). Mitarbeiterzufriedenheit ist in der heutigen Zeit insbesondere bei der Neujustierung von Organisationen wichtig, bei der ethische und ökologische Aspekte zunehmend an Bedeutung gewinnen.[338]

Auch in kritischen Situationen kann Storytelling nützlich sein. E2 hebt die Möglichkeit hervor, Stories zu nutzen, um Konflikte zu lösen (O1). Storytelling kann eine besondere Bedeutung in der *Emotionalen Führung* zugesprochen werden. Peters führt aus, dass emotionales Führen immer auch der Situation angepasst sein muss. Daher müssen Leader über eine hohe emotionale Kompetenz verfügen.[339] Diese Kompetenz kann laut E7 nur einer Minderheit an Führungskräften zugeschrieben werden. Aus Sicht des Experten ist Empathie eine der wichtigsten Eigenschaften, die ein guter Storyteller benötigt. Grund für fehlendes empathisches Handlungsvermögen sieht E7 in Gegebenheiten, die einen Karriereaufstieg von Führungskräften ermöglichen,[340] worunter auch das Treffen unbeliebter Entscheidungen verstanden werden kann. Darüber hinaus wird laut E7 Storytelling häufig angewandt, wenngleich auch in mangelhafter Umsetzung (AZ1). Bei richtiger Anwendung ergeben sich allerdings viele positive Effekte (AY1). E4 zufolge hat die Verknüpfung der internen und externen Unternehmenskommunikation zugenommen. Die Kommunikation ist daher für das gesamte Ökosystem eines Unternehmens wichtig.[341] Unter dem Aspekt, dass unternehmensintern erzählte Geschichten durch Weitererzählung nach außen dringen können und dort Wirkung bei Menschen zeigen, ergibt sich ein Potenzial und Argument für den Einsatz von Leadership Stories. E3 konstatiert, dass die von Führungskräften erzählten Stories

---

[337] Vgl. E2, 2022, Z. 260–265.
[338] Vgl. Scholz, 2020, S. 62 ff.
[339] Vgl. Peters, 2017, S. 233.
[340] Vgl. E7, 2022, Z. 290–296.
[341] Vgl. E4, 2022, Z. 212–216.

oft den konstruierten Stories aus der PR-Abteilung überlegen sind.[342] Authentizität ist das mit Abstand am meisten genannte Merkmal von Stories (BX).[343] Auch die Nutzung von Leadership Storytelling im positiven Sinne schafft ein Image, welches dazu beiträgt, dass Leadership Stories ein gern eingesetztes Kommunikationsinstrument sind.[344]

In einer Welt, in der Informationen zu großen Teilen frei zugänglich sind, ist es vorteilhaft, Wichtiges hervorzuheben. In diesem Zusammenhang zeigt E3 auf, dass mit Präsentationen oft Ziele verfehlt werden, da sie einen Informationsüberfluss liefern. Leadership Stories können dabei helfen, das Wesentliche zu kommunizieren.[345] Storytelling kann darüber hinaus eine Lösung darstellen, wie Kollegen zu begeisterten Mitstreitern gemacht werden können.[346] Auch laut Kiliç und Okan ist Storytelling wesentlich effektiver als traditionelle Marketingstrategien,[347] was zu einem zunehmenden Einsatz von Stories in der Kommunikation führt.[348]

H4. Die Kommunikation mithilfe von Leadership Stories bieten eine Reihe von Vorteilen für den Erfolg eines Unternehmens. Neben der Funktionalität (zum Beispiel Informieren, Motivieren, Streitschlichten) und der Vielseitigkeit in der Anwendung (Einsatz bei Changeprozessen) spricht die Entwicklung der Anwendungshäufigkeit für den Einsatz von Leadership Storytelling. Führungskräfte sollten sich dem Nutzen von Stories bewusst werden und dieses Potenzial für sich im Unternehmenskontext nutzen.

Leadership Storytelling unterliegt einigen Einschränkungen. Zum einen bestehen Grenzen hinsichtlich des *Story Performings* aufgrund der jeweiligen Organisation, in der Geschichten genutzt werden sollen, und deren Historie und Kultur. E5 führte exemplarisch aus, dass bspw. traditionsreiche Marken andere Narrative nutzen können, welche jungen Unternehmen hingegen verwehrt bleiben.[349] Außerdem bestehen Grenzen hinsichtlich des Kommunikationskanals, bspw. durch den Einsatz des Kommunikationskanals (DI1) oder auch des Hierarchiesystems eines Unternehmens. E7 veranschaulicht dies an einem Vergleich zwischen selbstorganisierten Teams mit höherer Entscheidungsfreiheit und streng hierarchischen Teams, welche weniger Entscheidungsfreiheiten haben können (DK1). Unabhängig von

---

[342] Vgl. E3, 2022, Z. 672–680.
[343] An dieser Stelle wird auf die unter BX aufgeführten Zitate in Tabelle 11 verwiesen. Hierzu sei angemerkt, dass BX Teil des Themas „Tugenden" ist und sich an dieser Stelle nicht direkt auf die Merkmale einer Story bezieht. Tatsächlich kann Authentizität als Eigenschaft eines Leaders kongruent zum Merkmal „Authentizität als Merkmal einer Story" sein. Siehe hierzu das Merkmal „Authentizität/Wahrhaftigkeit". Vgl. Tabelle 4.
[344] Vgl. E3, 2022, Z. 454–455.
[345] Vgl. Sammer, 2019, S. 6 ff.
[346] Vgl. Howanietz, 2022, S. 46 f.
[347] Klassische Marketingstrategien basieren auf einer Streuung von Informationen über Massenmedien wie Radio oder Fernsehen. Bei modernem Marketing fließen vermehrt Informationen und Wirkungsmechanismen aus den Disziplinen Linguistik, Neurowissenschaften und Psychologie ein.
[348] Vgl. Kiliç/Okan, 2021, S. 881 ff.
[349] Vgl. E5, 2022, Z. 197–225.

der Hierarchieform kann Storytelling die gewünschte Wirkung verfehlen, wenn Empfänger bzw. Zuhörer keine Beeinflussung durch die jeweilige Geschichte und die zugrundeliegende Message zulassen (DM1). Wesentliche Herausforderungen beim Storytelling bestehen hinsichtlich der Persönlichkeit des Storytellers. Über zahlreiche charakterliche Eigenschaften wie bspw. Mut, Empathie, Charisma und Selbstbewusstsein sollte eine Führungskraft verfügen, um gute Geschichten erzählen zu können (BQ-CB). Zudem ist ein Verzicht auf Sarkasmus ratsam, da andernfalls die Konfliktentstehung begünstig wird.[350]

E5 unterstreicht die Wichtigkeit der drei Aspekte Crafting, Performing und Measurement des Storytellings (BJ1). So muss ein Storyteller im Idealfall dramaturgisches Wissen (CD) und Sachverstand (CE) haben, bspw. indem er über eine Hineinversetzungsgabe in andere Menschen und psychologisches Grundverständnis verfügt (CE1). E6 fokussiert seine Arbeit auf Storylistening als Grundlage für gutes Storytelling (CI). Diese Vorarbeit ist notwendig, um das Metathema – das eigentliche Problem innerhalb eines Unternehmens – ausfindig zu machen (CJ).

Ein Contra des Storytellings ist der hohe zeitliche Aufwand und die Ressourcenintensität dieser Methodik, bspw. durch die notwendige Aneignung von Umsetzungswissen, dem Planen, Lernen und Üben von Storytelling (CS). Erschwert werden kann dieser Umstand durch Zeitmangel in stressigen Arbeitsumgebungen.[351] Auch die durch Zahlen belegte Nachvollziehbarkeit von Veränderungen durch Storytelling wird in der Literatur vernachlässigt und kann sich als herausfordernde Aufgabe erweisen. Die schiere Anzahl an Bedingungen für gelungenes Storytelling mag einen Teil an Führungskräften als Herausforderungen erscheinen. Einige Führungskräfte stehen als example par excellence für gutes Storytelling, so etwa Steve Jobs.[352] Im Kontrast dazu gibt es Negativbeispiele wie *Theranos*-Gründerin Elizabeth Holmes.[353] Auvinen und Kollegen untersuchten Effekte, die zur Manipulation durch Leader mittels Storytelling führen können. Die Autoren fanden heraus, dass Führungskräfte unter bestimmten Voraussetzungen manipulatives Erzählen als angemessen hielten, zum Beispiel wenn mittels des manipulativen Storytellings Zwang vermieden werden konnte. Die Autoren kommen in ihrer Analyse zu dem Schluss, dass die Grenze zwischen Höflichkeit auf der einen und Manipulation auf der anderen Seite unscharf sein kann und dass eine solche Manipulation in Grenzen akzeptabel sein kann, wenn sie einem guten Zweck dient.[354] Den Erfahrungen von E3 zufolge nehmen Verschwörungserzählungen keinen Platz in der Führungskräfte-Kommunikation ein.[355]

---

[350] Vgl. Sidelinger/Madlock, 2021, S. 298.
[351] Vgl. E4, 2022, Z. 98–101.
[352] Vgl. E7, 2022, Z. 61–63.
[353] Vgl. O'Brien, 2022, o. S.
[354] Vgl. Auvinen et al., 2012, S. 429.
[355] Vgl. E3, 2022, Z. 430–456.

H5. *Die größten Herausforderungen im Leadership Storytelling bestehen in der Planung und dem Performing einer Story, aber auch in der Messbarkeit von Veränderungen. Führungskräfte sollten sich intensiv mit diesen Herausforderungen befassen, ggf. Trainer bzw. Mentoren konsultieren und sukzessiv ihre Storytelling-Fähigkeiten weiterentwickeln.*

Die Befragung der Experten im Rahmen dieses Forschungsprojektes zeigte ein überwiegend positives Bild auf Leadership Storytelling. Anhand der Ausführungen in diesem Kapitel konnte aufgezeigt werden, welches Potenzial Storytelling für Führungskräfte haben kann, aber auch, welche Herausforderungen die Experten beim Crafting und Performing von Stories sehen und erlebt haben. Die vielfältigen Einsatzgebiete und Funktionen des Storytellings sprechen für einen großen Nutzen für Unternehmen und Führungskräfte. Die genannten Herausforderungen stellen überwiegend Sachverhalte dar, an welchen Leader arbeiten können. Beispielsweise können Leader ihre Storytelling-Fähigkeiten weiterentwickeln und sich für das Crafting bei Bedarf professionelle Unterstützung holen. In den letzten Jahren hat sich ein Trend hin zu mehr Storytelling in Unternehmen entwickelt. Aus diesen Gründen kann dem Leadership Storytelling ein hoher Stellenwert zugesprochen werden.

4.3 Theoretische Handlungsempfehlungen

Die von E2 und E5 angesprochene professionelle Ausgestaltung des Leadership Storytellings, welche in Zukunft erfolgen sollte (BI), bedarf einer gründlichen Vorbereitung von Stories und einer praktikablen Art und Weise der Wissensvermittlung. Theorien und Modelle können hierbei als Instrumente angesehen werden, welche der Professionalisierung des Leadership Storytellings dienlich sind. Die Plot-Struktur der Heldenreise ist eine einfache Erklärung dramaturgischer Elemente in Stories. Laut E3 funktionieren Modelle, wie der klassische Spannungsbogen heutzutage weniger gut, weil ein unmittelbarer Einstieg in eine Thematik bzw. eine starke Ausgangssituation präferiert werden, um die Aufmerksamkeit des heutigen Publikums von Beginn an zu gewinnen.[356] Daraus ergibt sich die theoretische Handlungsempfehlung, Modelle wie das des klassischen Spannungsbogens nicht primär in den Vordergrund zu rücken, sondern eine Abwandlung hinsichtlich des Einsatzfeldes Leadership Storytelling vorzunehmen, um diese Erkenntnis E3s entsprechend zu berücksichtigen und zu kommunizieren.

Eine zweite theoretische Handlungsempfehlung besteht darin, etablierte Modelle wie das Acht-Stufen-Modell von Kotter zu kontextualisieren. Das heißt, diese Modelle in Bezug zum Leadership Storytelling zu überarbeiten. Exemplarisch wird an dieser Stelle auf Punkt vier des Acht-Stufen-Modells eingegangen: jede mögliche Form der Kommunikation solle genutzt werden, schreibt der Autor. Wünschenswert wäre zum Beispiel eine Konkretisierung dieses Punktes mit einer Addition

---

[356] Vgl. E3, 2022, Z. 153–166.

eines Zeitfaktors: die Führungskraft sollte (je nach Vorhaben) zum Beispiel einmal pro Quartal eine persönliche Ansprache halten, die durch Online-Formate ergänzt wird, welche wiederholt abrufbar ist, um möglichst viele Mitarbeiter zu erreichen und die Verbreitung der Ideen und Erkenntnisse der Führungskraft zu erleichtern. In Schritt fünf empfiehlt Kotter Hindernisse für Wandel zu beseitigen.[357] Dass das Finden von Hürden aufgrund der komplexen Realität oft eine der großen Herausforderungen in Unternehmen ist, geht nicht ansatzweise aus dem Acht-Stufen-Modell hervor. Aus Sicht des Autors ist das Wissen wie Hürden umfangreich analysiert werden können genau das, was für Führungskräfte im Alltag von Relevanz ist. Im Interview offenbarte E6 wie die Komplexität der Herausforderungen und falsche Schlussfolgerungen Leader in falschem Glauben lässt, bspw. beim Identifizieren des richtigen Metathemas (CJ, CN).

Begründet werden kann die Handlungsempfehlung darüber hinaus mit dem bestehenden engen Zusammenhang von Changemanagement mit Leadership und Storytelling als eine wesentliche Form der Führungskräfte-Kommunikation. Eine Aufbereitung von Change-Modellen unter dem Aspekt des Storytellings kann für Führungskräften ein Anreiz darstellen, die Relevanz der Modelle schneller zu erkennen, da direkte Zusammenhänge aufgezeigt werden. Das Acht-Stufen-Modell dient aus Sicht des Autors dem Einstieg in einen unternehmerischen Veränderungsprozess, eine Erweiterung des Modells oder dessen Abwandlung mit Fokussierung auf Leadership Storytelling kann wünschenswert erscheinen. Da für Führungskräfte Wissen zur direkten Umsetzung von Leadership Storytelling wichtig ist, sollte der Fokus auf der praktischen Umsetzung, der Planung und des Performings von Stories liegen. Einen wichtigen Aspekt spielt dabei auch das Kreieren von Handlungsempfehlungen hinsichtlich der Messbarkeit der Wirkung von Geschichten.

4.4 Handlungsempfehlungen für zukünftige Forschung

Das Stiften von Identitäten, das Schaffen von Verständnis und Motivation sind Ziele, die mit Stories erreicht werden können. Storytelling kann einen Effekt der sozialen Bindung erzeugen, der für Nationen ebenso wie Unternehmen und kleinere Einheiten wirken kann.[358] Entsprechend unterschiedlich ist die Anzahl der Empfänger, an die eine Geschichte gerichtet ist. Damit einher gehen Herausforderungen bezüglich der Messbarkeit der Veränderungen, die durch Leadership Storytelling initiiert werden sollen. Eine solche Herausforderung kann ein fehlender Zugang zu den Empfängern sein, um mittels einer signifikanten Anzahl an Personen die Wirkung einer Geschichte definieren zu können. Dieser fehlende Zugang kann bei Versammlungen bestehen, auf welchen Personen nur temporär zugegen sind und Redner keinen Zugriff auf die Teilnehmerdaten haben, um im Anschluss die Wirkung einer Story qualitativ messen zu können. In der Storytelling-Literatur be-

---

[357] Vgl. Kotter, 1995, S. 61.
[358] Vgl. Sammer, 2019, S. 49.

fassen sich Wissenschaftler zu einem Großteil mit qualitativen Veränderungen, die durch Geschichten hervorgerufen werden.[359] Quantitative Analysen, die sich mit der Messbarkeit von Veränderungen durch Geschichten befassen, sind rar.[360] Von sieben interviewten Experten definierte ein Experte das Messen von Veränderungen als Herausforderung im Storytelling.[361] Eine Variante, den durch Geschichten hervorgerufenen Lernerfolg messbar zu machen, kann eine sogenannte paradoxe Intervention[362] sein, was folgendes Beispiel von E5 verdeutlichen soll.

1) Eine Führungskraft erzählt anhand einer Story, warum eine bestimmte Sache wichtig ist, zum Beispiel das Fragenstellen – es dient dem Verstehen von Sachverhalten, wodurch diese in neuen Kontexten eingeordnet werden können. Die Ansicht, dass Fragenstellen wichtig ist, erfuhr in der Praxis von E5 stets einen großen Zuspruch von den Mitarbeitern.

2) Im zweiten Schritt zeigt die Führungskraft ihren Mitarbeitern eine Skizze, die ungewöhnlich erscheint, zum Beispiel eine Skizze einer Schubkarre, bei der das Rad so weit Richtung Nutzer verschoben ist, dass sie instabil und für den eigentlichen Zweck unbrauchbar ist.

3) Der dritte Schritt besteht darin, dass die Führungskraft ihren Mitarbeitern erzählt, wie toll sie diese Schubkarre findet, um im Anschluss nach dem Feedback der Mitarbeiter zu fragen.

4) Im vierten Schritt erfolgt eine Belohnung, wenn die Mitarbeiter die Führungskraft in ihrer Ansicht, dass die Schubkarre eine gelungene Entwicklung sei, bestärken. Für den Fall, dass ein Mitarbeiter seiner Führungskraft nicht Recht gibt, so erhält dieser unmittelbar eine Strafe.

Die Konsequenz: einige Mitarbeiter, die zuvor gesehen haben, welcher Kollege mit welcher Antwort eine Belohnung und welcher Kollege mit seinem Feedback eine Strafe bekommen hat, werden ihre Antwort so anpassen, dass Sie keine Strafe durch ihre Führungskraft erfahren – selbst dann, wenn sie zuvor zu einer anderen Einschätzung zur Neuentwicklung der Schubkarre gekommen sind. In der Praxis von E5 hat sich gezeigt, dass viel Zeit vergehen kann, bis ein Mitarbeiter auf die Idee kommt zu fragen, warum sich das Rad der Schubkarre an dieser Stelle befindet.[363]

---

[359] Vgl. Rossetti/Wall, 2017, S. 170 ff.; Salicru, 2018, S. 130 ff.
[360] Diese Aussage basiert auf einer Recherche zur Leadership Storytelling-Literatur auf den Plattformen *Academia* (academia.edu), *EBSCOHost* (search.ebscohost.com) und *Google Scholar* (scholar.google.com) mit Stand 10.03.2022.
[361] Vgl. E1–E7, 2022.
[362] Eine paradoxe Intervention in diesem Zusammenhang ist es, wenn eine Führungskraft „ein Beispiel oder eine Fragestellung in den Raum [wirft] und dazu Reaktionen [bei der Zielgruppe] erzeugt, um diese dann wiederum didaktisch auf[zu]arbeiten." E5, 2022, Z. 40–41. Dabei wird ggf. widersprüchliches Verhalten aufgezeigt und ein Lernerfolg erzielt, welcher eine Verhaltensänderungen bewirken kann. Vgl. E5, 2022, Z. 43–91.
[363] Vgl. E5, 2022, Z. 80–82.

Ziel dieses Experiments ist es aufzuzeigen, für wie selbstverständlich Menschen das Stellen von Fragen halten und wie selten Personen tatsächlich nachfragen, wenn sie etwas nicht verstanden haben. Eine paradoxe Intervention kann, wie an oben genannter Story erkennbar, einen Impact schaffen, welcher im Idealfall einen nachhaltigen Eindruck hinterbleiben lässt, ausgelöst durch „ein sehr viel tiefergehendes Verständnis […] für das Auseinandersetzen mit Fragestellungen"[364]. Nach der Geschichte haben die Mitarbeiter eine größere Bereitschaft, Fragen zu stellen.[365]

Das Thema der Nachvollziehbarkeit von Veränderungen und insbesondere der qualitativen Feststellung dieser Veränderungen durch Leadership Storytelling ist daher ein Forschungsfeld, welchem zukünftig mehr Aufmerksamkeit gewidmet werden sollte. Die Forschung zur Messbarkeit von Effekten des Storytellings hat das Potenzial die Begründung des Einsatzes von Geschichten im Unternehmenskontext zu erleichtern und so von dem Nutzen des Leadership Storytellings zu profitieren. Weitere Aspekte, welche für die Leadership Storytelling-Forschung bedeutend sein können, aber aus Sicht des Autors der Thematik „Messbarkeit von Stories" nachgelagert sind, werden in den folgenden drei Punkten zusammengefasst.

– Professionalisierung der Methodik bzw. der Dimensionen Crafting, Performing und Measurement (BI);

– Möglichkeiten zur Implementierung von Leadership Stories in Organisationen und Verbreitung der Storytelling-Methodik;[366] insbesondere die positive Nutzung mittels *Sehnsucht Stories* statt *Angst Stories*[367];

– Auseinandersetzung mit der Thematik ethisches Storytelling und Manipulation mittels Leadership Storytelling.[368]

---

[364] E5, 2022, Z. 90–91.
[365] Vgl. E5, 2022, Z. 34–96.
[366] Vgl. E1, 2022, Z. 363–365.
[367] Vgl. E7, 2022, Z. 478–480.
[368] Vgl. E1, 2022, Z. 368–375.

5. Fazit und Ausblick

Ziel dieses Forschungsbeitrages ist die Beantwortung der Frage nach dem Stellenwert des Leadership Storytellings in groß- und mittelständischen Unternehmen in Deutschland. Grundlage für eine diesbezügliche Einschätzung lieferte die Auseinandersetzung mit der Definition von Leadership Stories und die damit einhergehende Untersuchung typischer Merkmale von Geschichten, welche durch Führungskräfte erzählt wurden. Die Diversität der Definitionsansätze im Theorieteil setzte sich anhand der Aussagen der interviewten Experten im praktischen Teil des Beitrags fort. Storytelling kann sehr weitgehend definiert werden und auch Elemente wie Printbild und Video umfassen. Für einen Teil der Experten steht es jedoch außer Frage, dass Storytelling im Leadership-Kontext als rhetorische Technik gesehen werden muss und hierbei im wahrsten Sinne des Wortes auch erzählt wird.

Das am häufigsten aufgegriffene Wesensmerkmal des Leadership Storytellings ist Authentizität. Dass Taten und Handlungen einer Führungskraft mit ihren Worten in Einklang stehen, wird als eine Grundvoraussetzung für gelungenes Storytelling angesehen. Ein Leader muss über eine Reihe an Eigenschaften verfügen, um als guter Storyteller zu gelten. Charakteristisch für einen Leader, der gut Stories erzählen kann, sind Empathie, Charisma, Selbstbewusstsein und Mut. Darüber hinaus bedarf die Führungskraft der Gabe, sich insbesondere im Prozess der Planung einer Geschichte in andere Personen hineinversetzen und sich selbst gut einschätzen zu können, um ein selbstsicheres Auftreten zu gewährleisten. Schließlich muss eine Führungskraft über Methodenwissen zum Storytelling verfügen und beharrlich seine Kommunikationsfähigkeit trainieren. All diese Faktoren tragen zu einer guten Story-Performance durch den Leader bei.

Leader Stories haben den Vorteil, für viele Anwendungsbereiche einsetzbar zu sein. Die Anwendungsmöglichkeiten reichen vom allgemeinen Informieren von Mitarbeitern im Unternehmensalltag, über Meinungsbildung und das Sichtbarmachen von Leistungen, bis hin zum Spenden von Hoffnung und das Vermitteln von Visionen an Mitarbeiter. Besonders wirksam und häufig werden Stories verwendet, um in Zeiten des unternehmerischen Wandels Veränderungen zu bewirken. Hierbei kann die Eigenschaft von Geschichten, Informationen emotional vermitteln zu können, eingesetzt werden, um besonders effektiv zu kommunizieren. Essenzieller Teil des Storytellings ist das Anstoßen eines Sensemaking-Prozesses bei Mitarbeitern, welcher bewirken kann, dass diese ihren Standpunkt und eigene Sichtweise in Relation zum Gesagten der Führungskraft setzen. In Verbindung mit der Botschaft einer Story wird im Idealfall die Akzeptanz von Veränderungen erhöht, indem Begründungen für Sachverhalte geliefert werden. Auch die Aufarbeitung der Identität einer Organisation kann mittels Storytelling erfolgen. Aus den vielfältigen Einsatzmöglichkeiten und Vorteilen von Leadership Stories kann ein großes Potenzial für Führungskräfte und Unternehmen argumentiert werden.

Hinderlich für den professionellen Einsatz von Stories sind hingegen eine Vielzahl an Herausforderungen. Zum einen ist das Wissen über die Methodik des Storytellings ein nicht zu unterschätzendes Hindernis für den Einsatz von Geschichten innerhalb einer Organisation. Für die Planung von Stories ist bspw. ein gewisser Sachverstand notwendig, welcher unter anderem dramaturgisches Wissen und ein Gefühl für das richtige Timing einschließt. Eine weitere Herausforderung liegt in der Einschätzung von Ursache-Wirkung-Prinzipien und dem Finden des richtigen Metathemas für das Storytelling, um auch die richtigen Probleme innerhalb einer Organisation zu adressieren. Eine mögliche Lösung dieses Problems, Storylistening, wird laut Experten nicht genügend umgesetzt. Neben der Planung von Stories kann das Performing im Allgemeinen als Herausforderung angesehen werden. Die Art und Weise der Darbietung einer Story ist dabei eine der wesentlichen Schwierigkeiten. Das spannungsgeladene Erzählen ist für manchen Erzähler eine Herausforderung, weil es eine beachtliche Kraftanstrengung bedeuten kann. Eine weitere große Herausforderung ist das Messbarmachen der Veränderungen, die durch Storytelling hervorgerufen worden sind. Hierzu besteht noch Forschungsbedarf.

Leadership Storytelling kann dann an seine Grenzen geraten, wenn das Format komplexes Erzählen nicht fördert, was bei Onlineformaten der Fall sein kann. Einschränkungen können auch durch das jeweilige Unternehmen gegeben sein, zum Beispiel wenn die Historie des Unternehmens bestimmte Stories nicht zulässt oder Hierarchien den Einsatz von Storytelling verhindern. Letztendlich bleibt es dem Empfänger der Story-Botschaft immer selbst überlassen, ob und inwiefern er sich auf den Einfluss der Führungskraft einlässt.

Dem Grundtenor der Experten kann entnommen werden, dass Storytelling – rückblickend betrachtet – an Bedeutung gewonnen hat und dass für die Zukunft eine positive Entwicklung hin zu einem häufigeren Einsatz von Storytelling beobachtbar sein wird. Unter der Betrachtung neuer Trends wie bspw. *New Work* nimmt die Führungskräfte-Kommunikation und die Fähigkeit zu *Emotionaler Intelligenz* von Leadern eine zunehmend wichtigere Rolle ein. Menschen entscheiden sich heutzutage zu größeren Teilen als noch vor einigen Jahren für eine sinnstiftende Arbeit. Die Identifikation mit dem Arbeitgeber gewinnt an Bedeutung. Effekte des Leadership Storytelling können einen wichtigen Beitrag für das Wohl der Mitarbeiter und das Wohl des Unternehmens leisten. Daher sollte Storytelling intensiver gelehrt und angewandt werden. Auch die Forschung kann mit neuen Untersuchungen zum Thema Leadership Storytelling wertvolle Beiträge zu dieser Entwicklung beitragen.

Anhang

Anhang 1: Das Acht-Stufen-Modell nach Kotter

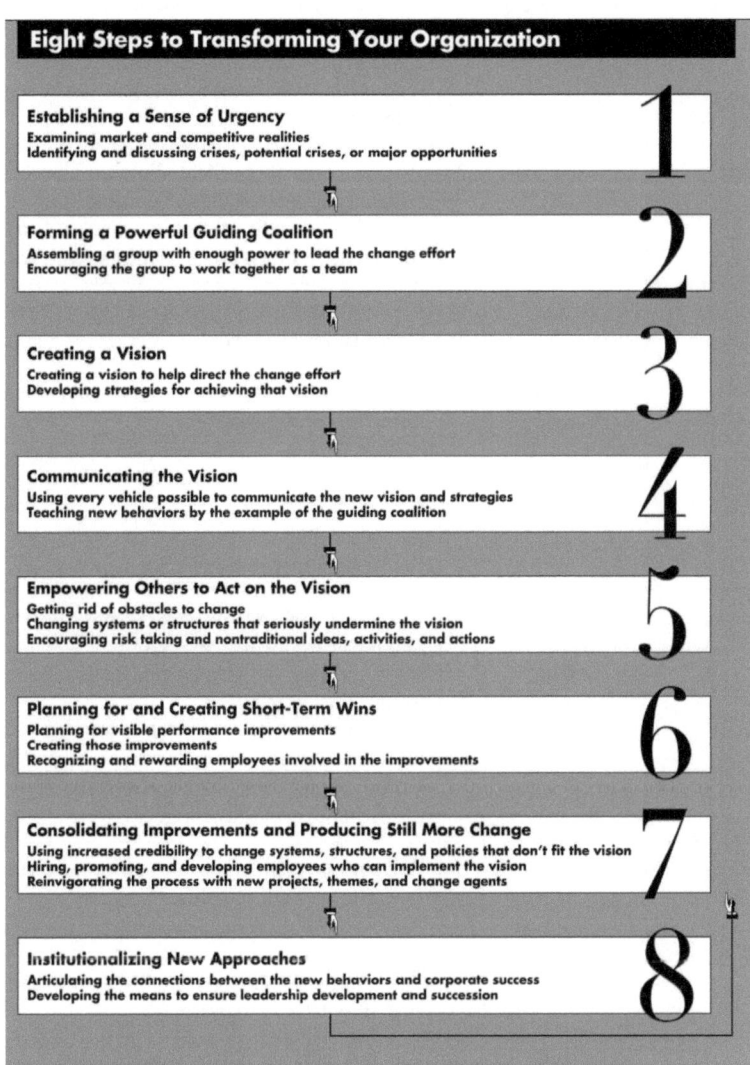

Quelle: Kotter, 1995, S. 61.

Abbildung 3: Das Acht-Stufen-Modell nach Kotter

Anhang 2: Interviewleitfaden

Tabelle 7
Interviewleitfaden

Fragentyp	Ziel der Frage	Nr.	Fragestellung
Einstiegsfrage/ Eisbrecher	Legitimation und Validierung der Experten	1	Würden Sie sich bitte kurz vorstellen? Was ist Ihre Tätigkeit? Wie kamen Sie zu dieser Tätigkeit? Was zeichnet Ihre aktuelle Tätigkeit aus? zum Beispiel Anzahl Jahre relevanter Berufserfahrung, wichtige berufliche Stationen, Motivation/Antrieb
Einleitungsfrage	Erzählanregung	2	Was war aus Ihrer Sicht die eine einprägsame Geschichte, die von einer Führungskraft erzählt wurde? Würden Sie diese bitte wiedergeben? Warum ist diese Ihnen im Gedächtnis geblieben?
Hauptfrage (Merkmale)	Definitionsabgleich	3	Was sind aus Ihrer Sicht die wichtigsten Merkmale einer Leadership Story?
Hauptfrage (Potenziale)	Potenzial von Storytelling zusammentragen	4	Welches Potenzial hat Storytelling Ihrer Meinung nach für Führungskräfte? Welche Wirkungen (zum Beispiel bei Mitarbeitern) konnten Sie in Unternehmen durch Leadership Storytelling beobachten? Sollte Storytelling öfter verwendet werden und welche Gründe sehen Sie dafür oder dagegen?
Hauptfrage (Potenziale)	Wirkungskraft von Leadership Storytelling eruieren	5	Inwieweit können Mitarbeiter mit Storytelling langfristig beeinflusst werden? Inwiefern kann Storytelling zum Aufbau der Unternehmensvision beitragen? Arbeiten Mitarbeiter, deren Führungskräfte Storytelling nutzen anders? Gibt es Situationen, in denen Mitarbeiter negativ durch Stories beeinflusst wurden?
Hauptfrage (Herausforderungen)	Herausforderungen zusammentragen	6	Was sind Ihrer Meinung nach die größten Herausforderungen beim Erzählen von Stories? Welche Herausforderung kann es beim Kreieren von Stories geben? Wie sollte eine Führungskraft damit umgehen, wenn eine Story falsch verstanden wird?

Erfahrungs-frage	Umsetzung von Storytelling	7	Führungskräfte: Was sind Ihrer Meinung nach die wichtigsten Ratschläge von Coaches, die Sie beim Storytelling berücksichtigen? Coaches: Welches sind die ersten Schritte, die Sie einleiten, wenn Sie Führungskräfte beraten? Auf was sollte beim Storytelling verzichtet werden?
Hauptfrage (Change)	Relevanz von Leadership Storytelling in Change-prozessen beurteilen	8	In welchen Situationen ist Ihnen aufgefallen, dass Führungskräfte Storytelling (bewusst) verwenden? Erfolgt diese Nutzung bewusst oder unbewusst? Gibt es Situationen, in denen Führungskräfte bewusst auf Storytelling zurückgreifen sollten? Wenn ja, beschreiben Sie diese bitte. Gibt es Situationen, in denen Führungskräfte vermehrt Storytelling nutzen?
Hauptfrage (Change)	Relevanz von Leadership Storytelling in Change-prozessen beurteilen	9	Inwieweit wird Storytelling als Kommunikationsmittel im Changemanagement verwendet? Welche Herausforderungen gibt es beim Storytelling in unternehmerischen Krisen?
Hauptfrage	Zusammenhang zwischen Führungskompetenz und Storytelling-Fähigkeit herausfinden	10	Welche Eigenschaften braucht eine Führungskraft, um ein guter Storyteller zu sein? Gibt es besondere Charaktereigenschaften oder typische Verhaltensweisen, die ein guter Storyteller haben sollte und wenn ja, welche? Inwiefern spielt die Führungskompetenz eine Rolle bei der Qualität der Stories?
Hauptfrage (Potenziale)	Relevanz von Leadership Storytelling beschreiben	11	Welche Rolle sollte Leadership Storytelling in der Entwicklung einer Kommunikationsstrategie im Unternehmen spielen? Welche Aspekte der Unternehmenskommunikation kann Storytelling nicht oder nicht ausreichend abdecken?
Hauptfrage (Potenziale)	Bedeutung des Leadership Storytellings beschreiben	12	Wie schätzen Sie die Bereitschaft von Führungskräften ein, sich zum Thema Storytelling weiterzubilden? Auf welche Art der Weiterbildung greifen Führungskräfte zurück, um ihre Storytelling-Kompetenz zu erweitern? (Coaching, Gespräche mit anderen Führungskräften, Literatur)

Hauptfrage (Potenziale, Herausforderungen)	Beurteilung der thematischen Relevanz	13	Wenn Sie an Leadership Storytelling denken, welche Entwicklung haben Sie in Bezug auf die Relevanz in der Unternehmenskommunikation in den letzten Jahren beobachtet?
Hypothetische Frage	Handlungsempfehlungen ableiten	14	Welche zukünftige Entwicklung wünschen Sie sich bezogen auf Leadership Storytelling? Glauben Sie, dass Storytelling in Zukunft an Relevanz verlieren könnte und wenn ja, warum?
Abschlussfrage	Inhaltslücken aufarbeiten	15	Gibt es eine wichtige Thematik zum Leadership Storytelling, die Sie noch ansprechen möchten, nach der ich nicht gefragt habe? Möchten Sie noch etwas hinzufügen?

Quelle: Eigene Darstellung.

Anhang 3: Übersicht der Anhaltspunkte hinsichtlich einer Storytelling-Definition

In der folgenden Tabelle wurden Textstellen aus den Experteninterviews zusammengetragen, welche für die in der jeweiligen Spalte aufgeführten Storytelling-Elemente Wort, Printbild, Video und Interaktion stehen (in der Legende als Rubriken bezeichnet).

Legende	
Z. 00-00	Argumente für die Rubrik
(00-00)	Indiz für die Rubrik
(00-00)	Argument gegen die Rubrik
–	Keine Anhaltspunkte

Tabelle 8
Übersicht der Anhaltspunkte hinsichtlich einer Storytelling-Definition

Experte/ Quelle	Wort		Printbild	Video	Interaktion
	gesprochen	geschrieben			
E1, 2022	3	(1)	*(1)* 3	2	1
E2, 2022	3	1	(1)	(1)	1 (1)
E3, 2022	5	*(1)* (1)	–	*(1)* (1) 1	5
E4, 2022	3	–	–	–	1
E5, 2022	3	–	–	–	2
E6, 2022	5	–	–	–	1
E7, 2022	6 (1)	5 (1)	(1)	4	3 (1)

Quelle: Eigene Darstellung.

Anhang 4: Übersicht der Transkriptionsregeln

Tabelle 9
Transkriptionsregeln

Beispiel	Bedeutung
Fettgedruckt	Fragen des Interviewers
Gewöhnlicher Text	Antwort des Befragten
Mhm	Zustimmung
/	Wort-/Satzabbruch
( )	akustisch unverständlich; Abstand zwischen Klammern im Verhältnis zur Dauer des unverständlichen Textes
((1))	ungefähre Sekundenanzahl einer Gesprächspause
((lacht))	nonverbales Verhalten
[Anmerkung]	nonverbale Anmerkungen/ vom Interview unabhängiges Ereignis
[...]	nicht verschriftlichter Teil
<u>Unterstrichen</u>	stärkere Betonung

Quelle: Eigene Darstellung in Anlehnung an Lamnek, 2010, o. S.

Anhang 5: Datenstruktur der Interviewauswertung zu Potenzialen des Leadership Storytellings

Tabelle 10
Interviewauswertung II – Potenziale des Leadership Storytellings

Themen (2. Ordnung) Kategorien (1. Ordnung)	Repräsentative Daten
Dimension: Funktionalität	
1. Thema: Grundlegende Funktionen im Unternehmensalltag	
A. Informieren	A1. „Also, Storytelling hat in erster Linie erstmal die Aufgabe zu informieren, bevor es beeinflusst." E1, 2022, Z. 118–119.
	A2. „[…] aber es geht erst einmal um die Informationen und um eine bessere Aufnahme, […] um das Verankern dieser Information." E2, 2022, Z. 282–286.

B. Meinungsbildung	B1. „Und natürlich kommt nach dem reinen Informieren dann auch eine Meinungsbildung darüber." E1, 2022, Z. 24–26.
C. Wissenszuwachs	C1. „Ich meine, wir haben viel über mehr Engagement oder Awareness gesprochen, aber ich denke, Storytelling ist auch um zu lernen wichtig." E4, 2022, Z. 271–273.
	C2. „Auch das Thema Wissensvermittlung." E3, 2022, Z. 556.
D. Merkfähigkeit	D1. „[Storytelling] ist merkfähig." E2, 2022, Z. 333–334.
E. Sichtbarmachen von Leistungen	E1. „Und eine Leistung am Ende wird umso höher bewertet auch, je größer die Herausforderungen war." E6, 2022, Z. 87–99.
	E2. „Ich kann da keine Bilanz als Geschichte erzählen. Aber das wichtigste Ergebnis in dieser Bilanz, auf das kann ich aufmerksam machen durch eine gute Story." E3, 2022, Z. 342–344.
	E3. „Und da ist [Storytelling] immens wichtig geworden, dass Führungskräfte sichtbarer sind und dass sie neue Wege finden, Teamzusammenhalt, Motivation, das Sichtbarmachen der Arbeit des Teams gegenüber wiederum ihren Führungskräften." E1, 2022, Z. 103–105.
F. Wertevermittlung	F1. „Die werde ich immer ein Stück weit erzählen und dann komme ich aber auch noch mal auf ein Set von Werten, warum ist es wichtig für die Firma und dann kommt da auch noch mal ein rationaler Part und drei Wochen später erzähle ich noch mal was anderes." E3, 2022, Z. 228–231.
	F2. „Aber wenn sie tiefgreifend erzählen können, können Sie auch Werte vermitteln, Lernen vermitteln und tiefes Verständnis vermitteln." E3, 2022, Z. 375–377.
	F3. „Storytelling ist die Perspektive nach außen auf die Menschen, auf die Gesellschaft. *„Was machen wir für die Menschen? Welche univ/"* – das ist die zentrale Frage eines Unternehmens – *„Welche universellen Werte realisieren wir für die Menschen, für die Gesellschaft? Also wo tragen wir dazu bei, das Leben der Menschen zu verbessern und das Funktionieren der Gesellschaft zu verbessern?"* Und daraus entwickelt sich dann die Storytelling-Vision. Das ist etwas anderes als unter Unternehmensvision, wo es dann darum geht, in fünf Jahren wollen wir Marktführer sein." E7, 2022, Z. 224–231.

G. Veranschaulichung von Abstraktem	G1. „Es geht da zwar dann auch wieder um Transformation, aber es ist dieser ganz besondere Kontext der Kultur, weil eine Story dann aufgrund ihres inhärenten Prinzips des Sichtbar- und Lebendigmachens, etwas Abstraktes wie Werte des Zusammenarbeitens, egal ob intern oder mit anderen Stakeholdern, sehr viel plastischer und konkreter macht." E5, 2022, Z. 257–361.
H. Kompaktheit	H1. „Und zum Zweiten, weil es eine verdichtete Form ist, glaube ich. Also man muss jetzt nicht 20 Seiten „Corporate Culture-Handbuch" lesen, sondern dieses Storytelling bringt das auf den Punkt." E2, 2022, Z. 49–51.
I. Visioning	I1. „Und jetzt können Sie Storytelling einsetzen, um, wie Sie es eben gesagt haben, eine Vision zu erzeugen, aber Sie könnten es auch einsetzen, um das kulturelle Selbstverständnis der Mitarbeiter zu bebildern, greifbar zu machen." E5, 2022, Z. 348–350.
	I2. „[…] eine gute Story gibt immer Antwort auf die Frage nach dem guten Leben und der guten Gesellschaft, also immer eine Vision im Grunde." E7, 2022, Z. 205–207.
J. Hoffnung	J1. „Aber auch tatsächlich mit Geschichten, das ist auch das, was mich fasziniert hat, dass eigentlich alle großen Bewegungen, *Martin Luther King*, egal wen Sie nehmen, alle großen Bewegungen sind deswegen groß, weil sie eine gute Story erzählen, weil sie den Menschen Hoffnung geben auf ein besseres Leben, weil sie von diesem besseren Leben erzählen, wie man dieses bessere Leben erreichen kann." E7, 2022, Z. 595–600.
2. Thema: Rhetorische Mittel	
K. Emotionale Ansprache	K1. „Das ist auch ein ganz wichtiger Aspekt. Das kann eine Story, Menschen emotional erreichen, Menschen emotional mitnehmen." E7, 2022, Z. 547–548.
L. Motivation/ Überzeugung	L1. „Und dann findet auch die Motivation nicht statt, die in den reinen Worten vielleicht stattgefunden hätte oder die Überzeugung." E1, 2022, ZZ. 38–40, 155–157.
	L2. „Das ist noch mal was anderes, *Equity Story*, also wie überzeuge ich meinen – das heißt ja auch Story – wie überzeuge ich meinen Investor […]" E3, 2022, Z. 505–506.
	L3. „Und das ist, glaube ich, auch für Führungskräfte der entscheidende Punkt, dass sie eine Vision, eine Story entwickeln müssen, die nicht das Unternehmen im Blick hat, sondern die Menschen und die Gesellschaft im Blick hat. Und damit gelingt es ihr die Mitarbeitenden zu motivieren." E7, 2022, Z. 251–255.

M. Mitarbeiterbindung/ Zusammengehörigkeitsgefühl	M1. „Ich glaube schon, dass die weiterhin Experten brauchen, die ihnen helfen da Strategie und Kongruenz reinzubringen und die Relevanz und das da viel machbar ist, gerade in der Mitarbeiterbindung, Mitarbeitermotivation, Zusammengehörigkeitsgefühl und so weiter […]" E1, 2022, Z. 467–470.
	M2. „Das ist für mich der Hauptzweck, der Urzweck, die Hauptfunktion des Storytellings, ein Wir-Gefühl herzustellen, wirklich eine Gemeinschaft zu konstituieren und damit auch soziale Identität zu stiften. […] dass ich eine Gemeinschaft habe, die eben auch dadurch motiviert ist, weil sie ein gemeinsames Ziel hat, weil die Gemeinschaft ein gemeinsames Ziel hat." E7, 2022, Z. 121–138.
	M3. „Ich kann ihn aber auch an mich binden als Mensch oder dass wir zusammen ein gutes Team sind und was für eine Persönlichkeit bin ich. Da glaube ich ganz stark an Storytelling." E3, 2022, Z. 369–371.
	M4. „Einmal ist eben dieser Aspekt des Storytellings wirklich die Gemeinschaft herzustellen, also dass ich eine Gemeinschaft habe, die eben auch dadurch motiviert ist, weil sie ein gemeinsames Ziel hat […]" E7, 2022, Z. 136–138.
	M5. „Gute Geschichtenerzähler geben immer etwas preis, sie öffnen sich, dann ist die Geschichte spannend. Und da glaube ich, also in der Mitarbeiterbindung sind Führungskräfte, die gute Storyteller sind, weit vorne." E3, 2022, Z. 371–373.
N. Mitarbeiterintegrierung	N1. „Und zum Zweiten im Sinne von, da denke ich auch wieder an mein *New Intake Onboarding* damals zurück, da gab es Storytelling […]" E2, 2022, Z. 56–57.
O. Vermittlung in Konflikten	O1. „Ich selbst habe das verwendet in meiner Aufsichtsratsvorsitzendenrolle, immer dann, wenn es darum ging Konflikte aus dem Weg zu räumen, weil in dem Board zwei unterschiedliche Parteien saßen." E2, 2022, Z. 98–101.
P. Sinnvermittlung	P1. „Das ist ja kein Grund und auch nur jetzt, sag ich mal, nur um was zu verkaufen oder nur von einer Strategie zu überzeugen, neue Unternehmensstrategie, das ist zu wenig. Also das muss eine Tiefe – die Werber nennen so etwas *Insight* – es muss also ein tiefgehender *Reason Why* sein, was man vermitteln will durch diese Geschichte." E3, 2022, Z. 95–99.
Q. Interesse wecken	Q1. „Das ist ja das Faszinierende, Geschichten ziehen uns in den Bann." E3, 2022, Z. 332–333.

R. Nahbarkeit ausdrücken	**R1.** „Gute Geschichtenerzähler geben immer etwas preis, sie öffnen sich, dann ist die Geschichte spannend." E3, 2022, Z. 371–372.
	R2. „Also diese Nahbarkeit glaube spielt eine ganz große Rolle. Führungskräfte müssen jederzeit und überall über ihr Unternehmen gut erzählen auch können, nicht nur berichten." E3, 2022, Z. 544–546.
S. Verständnis schaffen	**S1.** „Aber wenn sie tiefgreifend erzählen können, können Sie auch Werte vermitteln, Lernen vermitteln und tiefes Verständnis vermitteln." E3, 2022, Z. 375–377.
	S2. „Ja, erst mal Verständnis und auch die Bereitschaft zu ändern und dann Dritten zu sagen ‚Okay, was muss ich selbst ändern?'" E4, 2022, Z. 285–286.
T. Nachhaltigkeit	**T1.** „Diese zwei Touchpoints, die man hat, wo man von den Leuten die Reaktion erzeugt, auf die man sie dann festnageln kann, die macht das bei aller Beliebigkeit oder Leichtigkeit der Story so nachhaltig, weil sie sich natürlich selbst ertappen bei dem, was sie eigentlich glauben […]." E5, 2022, Z. 100–104.

Dimension: Vielseitigkeit in der Anwendung

3. Thema: Sensemaking

U. Standpunktabgleich	**U1.** „Also keine Geschichte ohne Menschen. Menschen folgen Menschen und wir brauchen das zum Abgleich, wo wir selber stehen, wie wir selber dastehen, wie das Leid und das Glück der anderen ist. Das Können und Nichtkönnen der anderen." E1, 2022, Z. 256–259.
V. Liefern von Begründungen	**V1.** „Also mit Stories kann man wunderbar erklären, was man tut und warum man das tut." E7, 2022, Z. 142–143.
	V2. „[…] was die wichtigste Frage in der Filmdramaturgie überhaupt ist: ‚Warum? Warum tun wir, was wir tun?' […] Das wahrscheinlich wichtigste Merkmal ist, eine Antwort auf die Frage nach dem Warum zu geben." E7, 2022, Z. 156–160.
W. Identifikationspotenzial schaffen	**W1.** „Da gibt es verschiedene Aspekte, wie ich eben tatsächlich eine Hauptfigur ausstatten kann, damit sie Identifikationspotenzial hat und die Menschen Empathie für sie entwickeln." E7, 2022, Z. 555–557.

X. Aufarbeitung der Identität	**X1.** „Und jedes Storytelling ist gewissermaßen auch die Arbeit an der Identität einer Organisation." E6, 2022, Z. 314–315.
	X2. „Also Unternehmen gibt es nur als Fiktion, als narrative Fiktion, ob es bewusst ist oder nicht. Und sobald es immer mehr Führungskräften auch bewusst wird, wissen sie, dass sie auch an dieser Identität und dieser narrativen Struktur ihrer Unternehmen arbeiten müssen." E6, 2022, Z. 311–314.
	X3. „Also, wenn man alles richtig macht, hat es ganz gutes Potenzial. Ich denke, das Potenzial liegt hauptsächlich/überhaupt in der Anwendung von narrativen Ansätzen, also zu sehen, dass das Unternehmen ganz stark durch Geschichten bestimmt wird. Zu sehen, dass Geschichten ausmachen, was Mitarbeitende für möglich und unmöglich halten." E6, 2022, Z. 106–110.
4. Thema: Changemanagement	
Y. Change/ Changeprozesse	**Y1.** „In Changeprozessen [verwenden Führungskräfte] auf jeden Fall sehr viel [Storytelling]." E1, 2022, Z. 264.
	Y2. „Also Change wäre für mich eine Anwendung [für Storytelling], aber nicht jede." E3, 2022, Z. 717–718.
	Y3. „Und das nennt man symbolischer Tod. Und dann kommt die symbolische Wiedergeburt, nämlich die macht doch weiter, ansonsten wäre die Story zu Ende. Und das ist ein Moment, der Tiefpunkt, […] der in so gut wie jedem, zumindest größeren existenziellen Changeprozess vorkommt." E7, 2022, Z. 408–412.
	Y4. „In der Regel sind es große Momente, so Strategiewechsel, die Mitarbeiter irgendwohin wirklich mitnehmen." E3, 2022, Z. 465–466.
Z. Interne Umstrukturierung	**Z1.** „Ich glaube, dass viel Potenzial in der Internen liegt und dass gerade Bewegungen wie *New Work* jetzt in unserem Umfeld, dass die das auch wirklich erfordern." E1, 2022, Z. 457–459.
AA. Change Awareness	**AA1.** „Und ich finde es meistens superwichtig, wenn es am Anfang der Veränderung ist und das heißt, wirklich die erste Phase im Sinne von *Change Awareness* zu erreichen und dann die Motivation und das heißt auch dieses Momentum zu schaffen." E4, 2022, Z. 80–83.
AB. Einstellungs- und Verhaltensänderung	**AB1.** „Ich würde sagen, […] dass Storytelling besonders häufig eingesetzt wird, wenn es um *Behaviour* oder *Attitude Change* geht." E5, 2022, Z. 335–337.

AC. Zielvorstellungen plastisch machen	AC1. „Eine Entscheidende, weil sie mit Hilfe dieser Geschichten genau das erreichen können, was ich gerade gesagt habe, das plastisch machen von abstrakten Zielvorstellungen für Veränderung." E5, 2022, Z. 364–366.

5. Thema: Kommunikation

AD. Alltägliche Unternehmenskommunikation	AD1. „Es sind nicht in der Regel die Routinesachen, sondern dabei wäre es bei der Routine ja so spannend. Bei einem ganz normalen Teammeeting, dass ich jede Woche habe, wenn ich da immer wieder mal eine Geschichte [erzählen würde] das wäre so viel wirkungsvoller." E3, 2022, Z. 467–469.
AE. Kommunikation bei Wendepunkten	AE1. „[Anwendungen für bewusstes Storytelling] sind in der Regel Wendepunkte für das Unternehmen." E3, 2022, Z. 460–461.
AF. Kommunikation in schwierigen Situationen	AF1. „Extern, sehr unterschiedlich, aber bis hin zur Krisenkommunikation kann Storytelling in allen Bereichen angewendet werden." E1, 2022, Z. 266–268.
	AF2. „In schwierigen Situationen, also wo es darum ging, dass etwas kritisch war, also zum Beispiel die wirtschaftliche Situation eines Unternehmens." E2, 2022, Z. 95–96.
	AF3. „[…] Und ich habe es schon gesehen, dass Führungskräfte dann eine Geschichte erzählt haben, um dieser / ja, diese Krise zu adressieren, weil sie auch gefühlt haben, dass es für die Leute eine superschwierige Situation war." E4, 2022, Z. 141–144.
AG. Direkte Interaktion	AG1. „Das hat auch was zu tun mit Präsenz, dass man einfach nicht die E-Mail schreibt." E2, 2022, Z. 135–136.

Dimension: Entwicklungspotenzial

6. Thema: Fokus auf Einsatzgebiete

AH. Interne Kommunikation/Sales	AH1. „Ich glaube ein noch unterschätztes [Potenzial], ein sehr, sehr großes und noch unterschätztes. Es ist in den letzten Jahren / hat damit begonnen, dass zum Beispiel Sales mehr Storytelling stärker genutzt hat. Was noch relativ neu ist, ist die Anwendung in der internen Kommunikation." E1, 2022, Z. 91–94.
AI. Unternehmenskommunikation	AI1. „Vielleicht wirklich in der Unternehmenskommunikation seit fünf, sechs Jahren ist ein massives Schlaglicht auf dem Thema, so ein Modewort." E3, 2022, Z. 599–601.
AJ. Public Relations	AJ1. „Das finde ich einen interessanteren Aspekt wie ‚Ah, jetzt bekomme ich eine neue Pressemitteilung und wir haben eine neue Strategie' und so weiter. Also, dass das auch mehr für die Außenwirkung benutzt wird. ((2)) Ja, ich glaube das wären schon so diese zwei Sachen." E3, 2022, Z. 677–680.

AK. New Work	**AK1.** „Ich glaube, dass viel Potenzial in der Internen liegt und dass gerade Bewegungen wie *New Work* jetzt in unserem Umfeld, dass die das auch wirklich erfordern." E1, 2022, Z. 457–459.
AL. Markenentwicklung	**AL1.** „Ich halte es für die Marktentwicklung für ganz, ganz wichtig mit Storytelling zu arbeiten, da eine *Brand Story*, *Story Branding* nenn ich das, da so zu machen." E7, 2022, Z. 330–331.
AM. Digitalisierung	**AM1.** „Ja, es könnte ein Teil davon sein, ich meine für mich ist das mehr Lernen im Sinne von zum Beispiel für Digitalisierung. Man muss ein bisschen neu denken, neue Prozesse, neue Tools lernen. Und dafür kann auch Storytelling sehr gut helfen." E4, 2022, Z. 280–282.
AN. Marketing	**AN1.** „Aber seit zehn Jahren, in der Wissenschaft, seit 2010 vielleicht mehr so im Marketing." E3, 2022, Z. 598–599.
AO. Vertrieb	**AO1.** „Und das wiederum hat aber eher nicht was mit Führungskraft zu tun, sondern Storytelling als Vertriebspush." E3, 2022, Z. 619–620.
7. Thema: Ungenutzte Potenziale des Storytellings	
AP. Bekanntheitsmangel	**AP1.** „Also ich habe das noch nie erlebt, dass [Storytelling] Gesprächsthema war. Wenn, dann ging es immer um Rhetorik zum Beispiel oder Präsentorik, die Möglichkeit gut zu präsentieren." E2, 2022, Z. 89–91.
AQ. Talentiertheit/ Bewusstsein	**AQ1.** „Aber ich glaube, per se ist es so eng an Führungspersönlichkeit und Führungsstil geknüpft, dass tendenziell eher jüngere besser / das in ihrem beruflichen Werdegang mehr in die Wiege gelegt bekommen." E1, 2022, Z. 313–316.
	AQ2. „Und zum Zweiten, wenn man das vielleicht begreift, dass [Storytelling] nahezu jeder kann, aber in unterschiedlicher Ausprägung. Dass man sich dessen bewusst wird, gerade die, über die wir gesprochen hatten, die das machen, aber nicht wissen, dass sie es machen […]" E2, 2022, Z. 260–263.
	AQ3. „Gar nicht unbedingt. Der hat natürlich ein höheres oder größeres Repertoire. Der kann so in die Kiste greifen und was rausziehen. Das mache ich ja auch, durch meine Erfahrung. Aber das muss nicht unbedingt sein, ja." E2, 2022, Z. 112–114.
	AQ4. „Und es ist völlig richtig, dass es viele gibt, die dann ja auch sagen *„Ich kann gar nicht erzählen"* das sehr wohl tun – unbewusst und im Unternehmen sogar." E3, 2022, Z. 483–485.

AR. Erlernbarkeit	**AR1.** „Das andere kann man auch viel lernen, jetzt das reine Handwerk, sonst könnten Journalisten nicht Journalisten werden, wenn alles nur in die Wiege gelegt ist." E1, 2022, Z. 276–277.
AS. Zunahme des Interesses	**AS1.** „Und ich denke, das ist sehr unterschiedlich. Ich denke, ich meine Bereitschaft ist da, aber es ist vielleicht nicht direkt mit Storytelling, es ist mehr mit, wie man besser allgemein in der Kommunikation, in der Durchsetzung, in der / so wirklich dieses *Inspiring Leadership* zu sein. Und Storytelling ist ein Teil davon. Das heißt für mich, die Leader sind auf jeden Fall mehr und mehr daran interessiert." E4, 2022, Z. 220–224.
AT. Kommerzialisierung	**AT1.** „Aber da mache ich jetzt den Unterschied zwischen was heißt das Wort Relevanz, also öffentlich von hohem Interesse. Oder anders, es wird halt Geld verdient mit der Technik." E3, 2022, Z. 601–603.
AU. Storylistening als Erfolgsfaktor	**AU1.** „Und zwar diese Alltagsgeschichten, also dass man einfach nur Storytelling macht, da sehe ich kein so großes Potenzial in der internen Kommunikation. Aber die Kombination von Storylistening und Storytelling, das hat ein großes Potential, wenn das dann wieder zurück erzählt wird. Und wenn Führungskräfte da wirklich anschließen können, dann fühlen sich Mitarbeitende ernst genommen und wertgeschätzt." E6, 2022, Z. 110–114.
AV. Einfachheit	**AV1.** „Die Führungskräfte erzählen oft die bessere PR als die konstruierten Sachen, die die PR-Abteilung bringt." E3, 2022, Z. 674–675.
	AV2. „Da geht es dann immer um eine Geschichte aus dem Erleben dieser Führungskraft, also nicht um eine erfundene Geschichte, eine authentische Geschichte aus dem Erleben, die man dann halt versucht so zu designen, dass es wahr bleibt, aber eben dieses ausdrückt." E6, 2022, Z. 228–231.
	AV3. „Wenn ich allerdings wirklich ein Unternehmen habe, das schon wirklich an sich eine sehr gute Story erzählt, also sehr gute Entwicklung hat, da muss die Führungsperson gar nicht so gute Stories erzählen können, weil die Mitarbeiter wissen ja, was das Unternehmen macht, wofür es steht, was die Überzeugungen des Unternehmens sind und so weiter und so fort, dann kann man auch als Führungskraft gar nicht mehr so viel falsch machen." E7, 2022, Z. 347–352.
AW. Lernbereitschaft	**AW1.** „Das heißt also, es ist auch nicht nur von Organisations- oder Führungskräften an sich abhängig, sondern es ist auch noch abteilungsabhängig wie sehr das Verständnis, die Bereitschaft da ist, sich auf ein solches Thema einzulassen, als Führungsmöglichkeit." E5, 2022, Z. 419–422.

AX. Betrachtungsweise der Organisation	AX1. „Ich halte es für die Marktentwicklung für ganz, ganz wichtig mit Storytelling zu arbeiten, da eine *Brand Story*, *Story Branding* nenne ich das, da so zu machen. Also wirklich das Unternehmen als Story zu betrachten, das halte ich für ganz wichtig." E7, 2022, Z. 330–332.
	AX2. „[Ich wünsche mir, dass] Führungskräfte sich klar werden, dass ihre eigenen Organisationen narrativ-konstruiert sind, dass es auf die Geschichten ankommt, und zwar auf jeder Ebene, sowohl die, die sie erzählen, als auch die, die andere erzählen und die das Unternehmen erzählt. Und dass diese ganzen sogenannten weichen Faktoren in Wirklichkeit harte Faktoren sind, also Motivation, Werte, Visionen und so weiter." E6, 2022, Z. 334–338.
AY. Positive Effekte	AY1. „Wenn man es gut macht, dann kann man den vollen Erfolg haben, kann die ganzen enorm vielen positiven Effekte des Storytellings irgendwie für sich verbuchen." E7, 2022, Z. 278–280.
AZ. Verbesserungspotenzial	AZ1. „Ich glaube, dass es [Storytelling] häufig angewendet wird, nur eben nicht gut angewendet wird." E7, 2022, Z. 543–544.

8. Thema: Verbesserungsvorschläge für den Einsatz von Storytelling

BA. Anekdoten für Aufmerksamkeitssteigerung	BA1. „Es fällt mir jetzt kaum eine Situation ein, wo jemand nur eine Geschichte auf der Bühne / Wie gesagt, das wäre ja dann Entertainment. Sondern in diesem Fall sind es immer auch kleinere Geschichten, eher Anekdoten, die ködern und die jetzt einfach den Aufmerksamkeitspeak machen […]" E3, 2022, Z. 219–222.
BB. Strategische Vorgehensweise	BB1. „[Anekdoten] werde ich immer ein Stück weit erzählen und dann komme ich aber auch noch mal auf ein Set von Werten, warum ist es wichtig für die Firma und dann kommt da auch noch mal ein rationaler Part und drei Wochen später erzähle ich noch mal was anderes. Das, glaube ich, ist schon entscheidend, dass das nicht alleinsteht […]" E3, 2022, Z. 228–232.
BC. Teilen eigener Erfahrungen	BC1. „Die Stärksten, Überzeugenden in der Rhetorik, im Auftreten, in der Darstellung sind in der Regel die Eigenerlebten [Geschichten]." (E3, 2022, Z. 284–285)
BD. Ganzheitliche Betrachtungsweise	BD1. „Also es geht wirklich darum eine Verbindung zu schaffen, intern zwischen dem, was Mitarbeitende erleben und was Führungskräfte erzählen und das nicht losgelöst davon zu machen." E6, 2022, Z. 148–150.

BE. Einsatz von Dramaturgie	**BE1.** „Also die wichtigsten Elemente einer guten Geschichte sind eben, dass sie eben einen Anfang, ein Ende hat und in der Mitte, dass es von der Transformation erzählt. Also ‚*Wir sind immer erfolgreich*‘, ist keine gute Geschichte und eine gute Geschichte ist umso spannender, je stärker sie von Konflikten erzählt oder von Herausforderungen." E6, 2022, Z. 77–81.
BF. Storytelling als Baustein aus narrativer Sicht	**BF1.** „Ich vertrete dieses neue Paradigma der narrativen Organisationsentwicklung […] Ich denke, man wird zu dem Schluss irgendwann kommen, und davon bin ich zutiefst überzeugt, dass Storytelling ein Baustein in der narrativen Sichtweise von Organisationen sein wird, aber nur ein Baustein eben und nicht unbedingt der Wichtigste." E6, 2022, Z. 295–300.
BG. Einsatz von *Sehnsucht Stories*	**BG1.** „Und deswegen brauchen wir mehr *Sehnsucht Stories*. *Sehnsucht Stories*, die eben von der Realisierung von universellen Werten erzählen und davon, wie unser Leben gut werden kann, was wir da machen können." E7, 2022, Z. 507–509.
BH. Entwicklung der Ausbilder als Multiplikatoren	**BH1.** „Und wenn sie ausgebildete Schauspieler sind, 20 Jahre auf der Bühne stehen und dazu noch ausgebildeter Psychologe, dann haben sie eine andere Mischung vielleicht als andere. Und dann gehen sie didaktisch auch anders vor. Und dann erzeugen sie eher den Wunsch, dass die Leute sagen, also ‚*Gibt es noch mehr? Können Sie wieder kommen?*‘ anstatt dass sie sagen ‚*Das ist aber viel. Das mache ich aber nicht*‘ […]" E5, 2022, Z. 571–576.
BI. Arbeit an Professionalisierung	**BI1.** „Das heißt also, das wäre tatsächlich das, was mich am höchsten erfreuen würde, wenn es für alle drei Dimensionen eine Professionalisierung gäbe." E5, 2022, Z. 456–458. **BI2.** „Ich fände es toll, ohne dass ich es weiß, wenn es systematisiert wäre auf der einen Seite. […] Wo soll oder kann Storytelling eingesetzt werden, mit welcher Wirkung?" E2, 2022, Z. 258–269.

Quelle: Eigene Darstellung.

Anhang 6: Datenstruktur der Interviewauswertung zu Herausforderungen des Leadership Storytellings

Tabelle 11
Interviewauswertung III – Herausforderungen des Leadership Storytellings

Themen (2. Ordnung) Kategorien (1. Ordnung)	Repräsentative Daten
Dimension: Grundsätze	
9. Thema: Konzeptionelle Grundlagen	
BJ. Crafting, Performing, Measurement als Voraussetzung	BJ1. „Also wenn Sie die drei Dinge haben, dann wäre Crafting ohne Performing, das ist toller Inhalt, aber keiner erfährt es, es wirkt nicht. Wenn Sie super Performing haben, aber kein Crafting, dann erzählen Sie eine tolle Geschichte, aber die passt nicht. Wenn Sie super Crafting, super Performing, kein Measuring haben, dann haben Sie eine tolle Geschichte. Sie können die super delivern, aber Sie wissen gar nicht, ob sie gewirkt hat." E5, 2022, Z. 313–318).
	BJ2. „So, das heißt irgendwie, ich brauche beides. Ich brauche eine gute Story, ich brauche eine gute Erzählung. Und das ist die Hauptherausforderung. Deswegen glaube ich auch tatsächlich, dass Storytelling nicht für jeden Menschen und nicht für jede Führungskraft etwas ist." E7, 2022, Z. 267–270.
BK. Vermittlung der Botschaft	BK1. „Eine Geschichte, an deren Ende sich nichts verändert hat, also wenn am Ende alles noch so ist wie am Anfang, ist stinklangweilig, die hat keine Botschaft, die hat uns überhaupt nichts mitzuteilen. […] Das heißt, ein Wesensmerkmal einer guten Story ist die Veränderung." E7, 2022, Z. 393–397.
BL. Timing	BL1. „Darüber hinaus ist das Timing extrem wichtig, finde ich. Also Leadership-Kommunikation muss, auch wenn sie manchmal sehr gut abgestimmt sein muss, intern trotzdem extrem zügig erfolgen, gerade wenn es aktuelle Anlässe gibt." E1, 2022, Z. 64–67.
	BL2. „Und dementsprechend ist die Unternehmensgröße vielleicht gar nicht ein Unterscheidungskriterium, sondern was wahrscheinlich für mich viel interessanter wäre zu untersuchen ist, zu welchem Zeitpunkt und mit welchem Zweck wird dieses Storytelling eingesetzt." E5, 2022, Z. 209–212.

BM. Emotionalität	BM1. „Aber diese Emotionen-Teile ist auch nicht so leicht manchmal zu erreichen. Und das heißt für mich auch, dass es wirklich angepasst und differenziert werden soll. Das heißt, dass es für die Menschen, die diese Story hören, dass es wirklich / ja, diese Verbindung da ist, um diese Emotion zu erreichen." E4, 2022, Z. 61–65.
BN. Berücksichtigung kultureller Unterschiede	BN1. „Es ist auch mit der Kultur der Firmen sehr eng verbunden. Es gibt auch in den verschiedenen Ländern auch, ich denke, auch in Europa gibt es Unterschiede, wie man Storytelling sieht und auch von der Persönlichkeit." E4, 2022, Z. 254–256.
BO. Unternehmenskultur und -größe	BO1. „Wissen Sie, die Sache ist, [der Einsatz von Storytelling] hängt nicht von der Unternehmensform ab, sondern von der Unternehmenskultur." E5, 2022, Z. 197–198.
	BO2. „Und wenn ein Kleinstunternehmen oder ein Kleinunternehmen zwar ein Inhaber und Gründer hat, aber eine andere Führungspersönlichkeit vorneweg läuft, dann ist das gar nicht so einfach. Dieses Narrativ des kleinen Unternehmens von außen nach, weiß ich nicht, drei Monaten in der Führungsposition glaubhaft zu vermitteln. Das heißt also, je kleiner die Organisation, umso wichtiger ist die Identifikation des Storytellers mit den Unternehmen." E5, 2022, Z. 201–206.
	BO3. In Großunternehmen bieten sich Führungskräften mehr Anlässe für das Erzählen von Stories an. Vgl. E3, 2022, Z. 642–643.
	BO4. „Das heißt, je kleiner die Organisationseinheit insgesamt ist, umso eher spielt das, sagen wir mal, narrative Erbe eine Rolle." E5, 2022, Z. 223–224.
BP. Diskrepanz zwischen Erwartungen und Umsetzungswissen	BP1. „Und insofern ist das eine Fragestellung, die mich immer wieder fasziniert, warum diese große Diskrepanz da ist, diese Heilserwartung, die damit verbunden wird und das geringe Verständnis dafür, wie es dann machbar wäre." E5, 2022, Z. 487–489.
10. Thema: Tugenden	
BQ. Persönlichkeit	BQ1. „Also man braucht einfach bestimmte Persönlichkeitsmerkmale, um auch wirklich ein guter Storyteller zu sein." E7, 2022, Z. 270–271.
BR. Selbsteinschätzung	BR1. „[…] also seine eigenen Fähigkeiten zu unterschätzen oder zu negieren. Also jeder, jeder kann erzählen." E3, 2022, Z. 382–383.

BS. Empathie	BS1. „Auch hier ist die Sprache wieder sehr wichtig, weil bei jedem haben wir immer empfohlen in seiner eigenen Sprache zu sprechen." E1, 2022, Z. 224–225.
	BS2. „Ich glaube ohne Empathie ist es schwierig." E1, 2022, Z. 273.
	BS3. „Insgesamt auf jeden Fall Empathie. Das ist wahrscheinlich die wichtigste Eigenschaft. Ist ja gerade, wie wir wissen, bei vielen Führungskräften etwas, woran es mangelt." E7, 2022, Z. 290–292.
BT. Charisma	BT1. Das Charisma einer Führungskraft kann zum Erzählen einer guten Geschichte beitragen. Vgl. E2, 2022, Z. 156–158.
BU. Mut	BU1. „Ich glaube Mut, weil, ja, er muss sich trauen, vielleicht sogar was über sich persönlich zu erzählen, aufzumachen, Emotionalität zuzulassen, Alltagssprache anzuwenden, sein Kommunikationsstil zu ändern." E3, 2022, Z. 491–493
	BU2. „Und dann manchmal, es ist eine Frage von Mutigkeit, wenn man daran nicht gewöhnt ist." E4, 2022, Z. 120–121.
BV. Ehrlichkeit	BV1. „Was ich nicht darf, das gilt ja für jede Handlung, ich darf nicht lügen und damit meine Führungskräfte auch." E3, 2022, Z. 265–267.
	BV2. „Es gibt fiktive Stories, kann ja auch nutzen im Sinn von Beispielerzählungen. Man lässt sich dann vielleicht auch eine Figur zeichnen oder man setzt vielleicht auch einen Film ein, in dem ein Kunde das und das tut und das ist ein fiktiver Kunde. Bei solchen Sachen ist ganz wichtig, dass man transparent im Grunde ja ist und einen Disclaimer irgendwo hat." E3, 2022, Z. 272–276.
	BV3. „Nur die Perfidesten sind ja die, die da ein Geschäftsmodell darin wittern und es deswegen / aber das sind ja die wenigsten." E3, 2022, Z. 442–443.
BW. Selbstbewusstsein	BW1. „Und damit ist es nicht nur Mut, sondern es hat auch was mit Selbstbewusstsein zu tun, was manche Führungskräfte gar nicht so sehr haben, sondern sie überspielen das dann mit möglichst viel *PowerPoint* zeigen, weil sie sind ja im Rampenlicht, sie sind schon vorne und manche genießen das. Und es gibt ganz viele die das überhaupt gar nicht genießen." E3, 2022, Z. 494–498.
	BW2. „Was Sie auch auf keinen Fall machen sollten ist eine Geschichte als Ankündigung. […] Das ist ein unsicherer Start […]" E3, 2022, Z. 295–300.

BX. Wahrhaftigkeit/ Authentizität	**BX1.** „Das dringt auch nach draußen, wenn etwas gekünstelt und geschönt ist." E6, 2022, Z. 100–101.
	BX2. „[…] es muss eine wirkliche Geschichte sein, in der auch Herausforderungen erzählt werden […]" E6, 2022, Z. 102–103.
	BX3. „Und für beide [interne und externe Zielgruppen] ist es immens wichtig und fast sogar noch mehr für die Internen, dass es authentisch ist, dass es wahrhaftig ist und dass sie es nicht nur in den Worten, sondern letzten Endes auch in den Handlungen und Taten wiederfinden." E1, 2022, Z. 58–60.
	BX4. „Und deswegen sage ich ja, genau da ist es wichtig, dass zwischen dem, was erzählt wird und dem, was tatsächlich stattfindet, auch eine hohe Kongruenz besteht, denn ansonsten merken das Interne wie Externe ziemlich schnell." E1, 2022, Z. 126–128.
	BX5. „Auch hier ist die Sprache wieder sehr wichtig, weil bei jedem haben wir immer empfohlen in seiner eigenen Sprache zu sprechen." E1, 2022, Z. 224–225.
	BX6. „Also dieses Thema, dass es nicht konstruiert ist, meine ich, dass es authentisch ist und dass es eben etwas ist, dass man sich gut vorstellen kann, das auch auf die Zielgruppe passt." E2, 2022, Z. 38–40.
	BX7. „Ich denke, was auch superwichtig ist, die Authentizität. Das heißt, dass es auch mit der Persönlichkeit der Geschäftsführer, oder Leadership- oder Managerführungsstil auch gut passt." E4, 2022, Z. 39–41.
	BX8. „Und dann Authentizität, weil wie gesagt, man kann eine gute Geschichte haben, aber wenn die gute Geschichte nicht wirklich gut erzählt ist, bringt es nicht viel." E4, 2022, Z. 121–123.
	BX9. „Das hat dann auch wenig mit Respekt, viel mit Glaubwürdigkeit zu tun, mit Authentizität. Wenn ich merke, da erzählt jemand eine Story, der die sich vorher irgendwie mühsam ausgedacht hat und aufgeschrieben hat und jetzt auswendig gelernt hat und vorträgt, dann geht Authentizität verloren ((l)) und so weiter." E7, 2022, Z. 282–286
	BX10. „Wenn ich eine Führungskraft habe, die eine gute Story erzählen kann oder die gut im Storytelling ist, das Unternehmen aber Schrott produziert, dann kann sie das Potenzial des Storytellings nur sehr, sehr gering abrufen tatsächlich, weil eben diese Trennung zwischen Unternehmen und Führungspersönlichkeit wird schwierig." E7, 2022, Z. 343–347.

BY. Hineinversetzungsgabe	BY1. „[…] aber wenn ich von jemand anders erzähle muss ich die Gabe haben, mich in dessen hineinzuversetzen, nur dann wird es eine gute Geschichte." E3, 2022, Z. 514–516.
	BY2. „Sondern Geschichten, die Führungskräfte erzählen oder überhaupt Geschichten, die in Organisationen erzählt werden, funktionieren nur insoweit sie in Resonanz mit dem Erleben der Mitarbeitenden sind." E6, 2022, Z. 25–28.
	BY3. „Dazu kommt dann noch, die Geschichte kann noch so gut sein und nichts bewirken, wenn da eben diese Resonanz, dieser Kontext nicht stimmt, wenn Mitarbeiter darüber lachen, was ihre Führungskraft da wieder erzählt, insgeheim natürlich." E6, 2022, Z. 92–95.
BZ. Beharrlichkeit	BZ1. „Je mehr Geschichten ich schon erzählt habe, also je mehr Erfahrung ich habe, umso besser sind die Geschichten oder können die Geschichten werden, die ich erzähle." E7, 2022, Z. 301–303.
CA. Selbstvertrauen	CA1. „Man kann nie genau steuern, wie Menschen irgendwas interpretieren. Und man soll einfach darauf vertrauen, dass der Kern schon rüberkommt, wenn ich die Geschichte gut erzählt habe." E6, 2022, Z. 281–283.
CB. Innovationsfähigkeit	CB1. „Ich bin Führungskraft, ich habe mich gerade in den letzten 24 Monaten durch diese ganzen Technikanforderungen gekämpft, ich kriege einigermaßen remote Leadership hin. Und jetzt ist die Frage *„Warum soll jetzt noch Storytelling betreiben?"* Ich bin ja froh, dass das gerade alles funktioniert." E5, 2022, Z. 379–382.
	Dimension: Planung
	11. Thema: Methodisches Wissen
CC. Beherrschung der Methodik	CC1. „Und wenn der Sender das nicht beherrscht, dann können Sie sich Storytelling in die Haare schmieren. Die Frage ist also nicht *‚Bin ich für Storytelling?'*, sondern *‚Bin ich dafür, dass man Storytelling nur verwendet, wenn man auch diese Technologie hat?'* – nein, Technologie ist ein bisschen das falsche Wort, […] *‚wenn man diese Methodik beherrscht'*." E5, 2022, Z. 134–138.
CD. Dramaturgisches Wissen	CD1. „[…] damit ein Grundverständnis dafür da ist, wie ich eine Spannungskurve aufbaue oder wie ich eine gewisse Art von Gefühl, Freude, Mitgefühl, Ärger, Angst auslösen kann." E1, 2022, Z. 288–290.
	CD2. „Und es muss nicht immer die klassische Heldenreise sein. Es lässt sich nicht auf alles adaptieren, […]" E1, 2022, Z. 292.

CD. Dramaturgisches Wissen	**CD3.** „Das heißt, es gibt immer Change, immer unterschiedliche, immer dringliche Change. Und das heißt, um wirklich etwas zu erreichen, ist es auch superwichtig, dann dieses Storytelling zu haben und, wie gesagt, diese Emotion, dieses Engagement zu schaffen." E4, 2022, Z. 106–110.
	CD4. „Aber ich glaube, entscheidend ist, dass man sich löst von der klassischen Story-Struktur, dieses klassischen Arcs. Weil in einer Rede funktioniert das nicht mehr so, da schlafen uns die Leute von Anfang an weg, sondern man muss hoch einsteigen und dann schnell zu einem Learning /" E3, 2022, Z. 195–198.
CE. Sachverstand	**CE1.** „Man braucht ein gewisses Verständnis dafür, wie andere empfinden, wenn sie etwas hören, eine gewisse Abstraktionsfähigkeit, ein bisschen psychologisches Grundverständnis, wie Dinge wirken auf andere Menschen." E1, 2022, Z. 273–276.
	CE2. „Es lässt sich nicht auf alles adaptieren, aber ein Grundverständnis der Mechanismen von Storytelling und wie Geschichten und Bilder im Hirn funktionieren, wie sie unser Unbewusstes ansprechen und eben nicht den kognitiven Teil." E3, 2022, Z. 292–295.
	CE3. „Allerdings müsste er ja, wenn überhaupt ein gewisses poetisches Gespür haben. [...] Dann müsste eigentlich all das da sein, was ein Bühnenkünstler ausmacht. Der Umgang mit Sprache, der Umgang mit Timing, der Umgang mit Pausen, der Aufbau einer Spannungskurve in der Erzählung, nicht auf einem Blatt Papier." E5, 2022, Z. 147–152.
	CE4. „Und dann wäre zu schauen, legen diejenigen Menschen, die diese Geschichte gehört haben, dieses Verhalten in der Folge an den Tag. Dann müsste die Story zum Kern haben, die Unternehmensvision." E5, 2022, Z. 258–260.
	CE5. „Er muss gut zuhören können, das ist die wichtigste Voraussetzung und dann muss er ein Bewusstsein haben für wie eine Geschichte funktioniert." E6, 2022, Z. 265–266.
	CE6. „Dass eine Geschichte hauptsächlich von dem, was nicht funktioniert lebt und nicht so sehr von dem, was funktioniert, also von den Konflikten, den Herausforderungen. Und wenn wirklich so dieser Fall ist, er erzählt in einem Meeting oder auf einer Mitarbeiterversammlung eine Geschichte, auch ein gutes Gefühl für Timing und Dramaturgie. Also nicht so in der Vorgeschichte verhaspeln und so weiter. Er musste sein Bedürfnis unterdrücken, die Geschichte danach auch noch erklären zu wollen." E6, 2022, Z. 266–272.

CF. Variationen in der Anwendung	CF1. „Und jetzt im politischen Storytelling merke ich wieder, da ist es wieder anders. Ich habe zwar immer die gleichen Werkzeuge, aber ich muss sie je nach Kontext oder je nach Bereich, in dem ich bin, muss ich sie anders anwenden, vielleicht auch in eine andere Reihenfolge stellen. Zum Beispiel musst du sehen, dass die Verknüpfung zwischen den einzelnen Werkzeugen Unterschiedliches sind und so weiter. Und das ist die große Schwierigkeit." E7, 2022, Z. 578–583.
CG. Umsetzungswissen	CG1. „Ich glaube, dass gerade im *Storytelling Self*, also in der Übertragung des fiktionalen Geschichtenerzählens in die Realität, auf den Unternehmenskontext und so weiter, da müssen wir noch ganz, ganz viel Arbeit leisten." E7, 2022, Z. 570–573.
	CG2. „,*Wie kann man* [Stories] *auch irgendwie bauen, damit sie den gewünschten Effekt und so weiter erzielen?*' Das ist heute immer noch ein riesengroßes Feld, wo auch noch viel, viel Arbeit fällig ist." E7, 2022, Z. 568–570.
CH. Einschränkung durch Ressourcen	CH1. „Also die Frage ,*Was sind denn meine natürlichen Ressourcen, die ich habe? Und wie kann ich dort viel, wenig oder wirksam eben Storytelling betreiben?*'" E2, 2022, Z. 76–77.
	12. Thema: Input
CI. Storylistening	CI1. „Das heißt, vor jedem Storytelling muss Storylistening sein. Das heißt, ich muss die Geschichten kennen, die im Unternehmen oder bei den Kunden oder wo auch immer erzählt werden, je nachdem, ob es extern oder intern ist." E6, 2022, Z. 28–30.
	CI2. „Die Herausforderung ist, dass Führungskräfte so denken, wenn man so etwas vorschlägt, sie wissen schon, was die Mitarbeitenden denken, was ein Irrtum ist, keiner weiß / Die Mitarbeitenden selber wissen gar nicht genau, was sie denken." E6, 2022, Z. 153–155.
	CI3. „Das Zweite ist dann, wenn wir mit Mitarbeitenden reden und ihre Geschichten sammeln, sichern wir denen immer totale Anonymität zu. Also begeben die Geschichten nicht in Reinform nach oben weiter, sondern nur in Form von Auswertungen, damit wirklich frei erzählt wird, weil viele Unternehmen haben eine angstgeprägte Kultur. Also Mitarbeitende haben Angst, wenn sie wirklich ehrlich und frei erzählen und es würde nach oben gelangen, hätten sie Nachteile zu erleiden." E6, 2022, Z. 173–179.

CJ. Bestimmung des Metathemas	CJ1. „Das war die Grundlage für den Changeprozess, diese Story erstmal herauszufinden, was ist euer Metathema." E7, 2022, Z. 380–381.
	CJ2. „Also da kommt es natürlich immer drauf an, was ist der Auftrag genau und den Auftrag genau zu klären." E6, 2022, Z. 187–188.
CK. Verzerrungseffekte	CK1. „Jede Form des Storytellings enthält auch fantastische Elemente. Das sind Verkürzungen, das sind Ausschmückungen. Allein dadurch findet ja schon eine Verzerrung der Wirklichkeit statt." E1, 2022, Z. 71–74.

13. Thema: Herausforderung in der Planung

CL. Resonanzfähigkeit der Story	CL1. „Die größte Herausforderung ist das Crafting, würde ich es nennen, also die Geschichte so zu gestalten, dass sie das Ziel der spezifischen Verhaltensveränderung auch beim Empfänger überhaupt erreicht. Weil ich kann mir eine tolle Geschichte ausdenken, die für mich total viel mit Unternehmensvision zusammenhängt und bei den Empfängern löst die gar nichts aus, bei meiner Hörerschaft in dem Fall." E5, 2022, Z. 274–278.
CM. Hervorheben von Herausforderungen	CM1. „Also die größten Herausforderungen im Unternehmenskontext ist wirklich auch die Herausforderungen zu erzählen. Also nicht nur eine heile Welt irgendwie hinstellen. Und eine Geschichte erzählen die, die diejenigen, die sie hören sollen, auch interessiert." E6, 2022, Z. 138–141.
CN. Kontrollillusion	CN1. „Wie Kahneman sagt, diese Kontrollillusion, als ob man über alles Kontrolle hätte, erst mal abzulegen. […] Also das ist eine Schranke, die Führungskräfte immer überwinden müssen." E6, 2022, Z. 169–173.
CO. Präsentation eines Lösungsweges	CO1. „Die allein hilft aber noch nicht für Change, sondern es gehört / ,Und wie kommen wir dahin?' Diese Geschichte, ,Wie sind die Schritte dahin?', die muss mit dazu." E6, 2022, Z. 247–249.
CP. Qualität der Story	CP1. „Wenn ich eine schlechte Geschichte habe, da kann ich erzählen, wie ich will, die wird nicht gut." E7, 2022, Z. 266–267.
CQ. Prägnanz	CQ1. „Und das Zweite, genau, auf den Punkt zu kommen." E1, 2022, Z. 174.
	CQ2. „Man muss nicht alles en détail erzählen, das will ich sagen." E1, 2022, Z. 178.
	CQ3. „Und dann schmücken die da endlos alles aus […]" E3, 2022, Z. 291.
	CQ4. „Denn man neigt sonst dazu, es viel zu kompliziert zu machen und wodurch es a) viel zu lang wird und b) auch viel zu viele irrelevante Fakten reinkommen." E1, 2022, Z. 236–237.
	CQ5. „Aber viele sagen ,Ich habe nichts zu erzählen', weil sie missverstehen, dass eine Erzählung muss immer etwas total Dramatisches sein." E3, 2022, Z. 385–387.

CR. Zielgruppen-anpassung	**CR1.** „Also dieses Thema, dass es nicht konstruiert ist, meine ich, dass es authentisch ist und dass es eben etwas ist, dass man sich gut vorstellen kann, das auch auf die Zielgruppe passt." E2, 2022, Z. 38–40.
	CR2. „Eine [Herausforderung] ist, die Ausgangssituation des Zuhörers nicht aus dem Blick zu verlieren und sich nach der Relevanz für den Hörenden oder Zuschauenden zu fragen [...]" E1, 2022, Z. 162–164.
	CR3. „Ich denke, das ist wichtig und ich denke, es ist auch – wieder zu diesem ersten Punkt – wie es erzählt wurde und wie es für die *Target Audience* angepasst ist." E4, 2022, Z. 41–43.
	CR4. „Also das Problem, glaube ich, was viele Führungskräfte haben, dass sie in so einer Filterbubble sind, innerhalb des Führungsteams und denken, was aus der Sicht der Führungskräfte interessant ist, sei auch für die Mitarbeitenden interessant." E6, 2022, Z. 141–143.
CS. Aufwand	**CS1.** „[Storytelling] ist sehr viel Arbeit." E3, 2022, Z. 572–573.
	CS2. „Also in vielen Kreativprozessen ist ja die viele Arbeit gar nicht sichtbar. Das ist hier ähnlich." E3, 2022, Z. 578–579.
	CS3. „Also das ist ein großes Missverständnis, dass man auf der Bühne dann schnell auf irgendeine Anekdote zurückgreift, auch ein Fehler, den viele machen." E3, 2022, Z. 327–328.
	CS4. „[Storytelling] ist für Führungskräfte nicht so leicht, weil jeder Talk, jede Präsentation ist anders." E3, 2022, Z. 311–312.
CT. Zeitmangel	**CT1.** „Ich meine allgemein für Storytelling braucht man Zeit und [...] auch ein bisschen Abstand zu nehmen. Und manchmal ist es ja, es gibt immer diese Dringlichkeit und diese Push und das heißt, die Zeit ist nicht immer genommen." E4, 2022, Z. 98–101.
CU. Methodenmix	**CU1.** „Aber das ist das Hauptpiece, während ich glaube, wenn wir über Storytelling als Führungstool sprechen, ist es schon ein Teil von vielen weiteren." E1, 2022, Z. 234–236.
CV. Routiniertheit	**CV1.** „Je spontaner das [Storytelling] erscheint, umso mehr geübt war es." E3, 2022, Z. 308–309.
CW. Selbstunterschätzung	**CW1.** „Also eine Herausforderung ist für viele ja Geschichten zu finden oder zu sagen ‚Ah, ich bin ja kein Storyteller, ich kann gar nicht erzählen', also seine eigenen Fähigkeiten zu unterschätzen oder zu negieren." E3, 2022, Z. 381–383.
CX. Realitätssinn	**CX1.** „Das heißt, es ist gut, auch Geschichten zu erzählen, aber man muss [...] auch gleichzeitig pragmatisch bleiben und auch mit ehrlichem Blick die Probleme adressieren." E4, 2022, Z. 246–248

CY. Kreativität	CY1. „Also zum einen, wenn es mechanistisch dann wird, wenn man sagt „*So jetzt erzähle ich meinen Kindern ein Märchen, dass ich erfinde*" und ich habe überhaupt kein kreatives Potenzial." E2, 2022, Z. 81–83.
	CY2. „Das ist ja nicht wie wenn ich hier *Six Sigma*, irgendwelche Managementformeln, ich mach dann das und das und das und das und hinten spuckt es die richtige Geschichte aus." E3, 2022, Z. 564–566.
CZ. Kommunikationsfähigkeit	CZ1. „Ich denke, dann ist es wie / ja, ähnliche Qualität, wie die Qualität für Kommunikation so allgemein für eine Speech. Für die Rede langsam zu sprechen, wirklich an Audienz zu denken, nicht zu viele Informationen und so weiter." E4, 2022, Z. 131–133.
	CZ2. „Also sicherlich die Fähigkeit zu kommunizieren [ist eine wichtige Eigenschaft für gelungenes Storytelling]." E2, 2022, Z. 121.

Dimension: Performativität

14. Thema: Darbietungsform des Storytellings

DA. Paradoxe Intervention	DA1. „Und in dieser Delivery ist ja nicht nur die Bühnenkunst, das Erzählen können der Faktor, sondern auch diese Interventionsform, die ich erzählt habe." E5, 2022, Z. 292–293.
	DA2. „Das heißt also, müsste es vielleicht noch verschärfen und sagen ‚*Der zentrale Teil von Storytelling ist die paradoxe Intervention.*'" E5, 2022, Z. 114–116

15. Thema: Herausforderungen der Performance

DB. Anforderungslevel an berufliche Kompetenzen	DB1. „Das gelingt manchen Menschen in einem kleinen geselligen Kontext, aber wenigen in einem großen organisationalen Kontext. Das heißt, von einem sozialen Skill zu einem beruflichen Skill scheint das auch noch mal ein unterschiedlicher Weg zu sein." E5, 2022, Z. 157–160.
DC. Formulierung	DC1. „Und da darf das Leadership, sich nicht in Worthülsen oder englischen Marketingvokabeln und wie man halt redet in solchen Meetings von großen Konzernen / Das versteht aber dann nicht mehr jeder." E1, 2022, Z. 171–173.
	DC2. „Und in der Unternehmenskommunikation und auch in der Führungskräfte-Kommunikation neigen wir dazu entweder flach zu erzählen ‚*Wir machen das und dann werden wir das und dann strukturieren wir das um*' und so weiter oder zu euphorisieren ‚*Wir sind die Größten, die Tollsten, die Stärksten*'. Das ist eigentlich langweilig, weil vorhersehbar – und es ist keine Geschichte." E3, 2022, Z. 661–666.

DD. Anwendungsfeld	DD1. „Das glaube ich so nicht, grundsätzlich zu viel, sondern eher an den falschen Stellen. […] Aber es gibt Inhalte, die sind einfach nicht wahnsinnig geeignet, die würden dann in einer Infografik oder einem kleinen Flyer besser funktionieren, simpel gestaltet." E1, 2022, Z. 182–186.
	DD2. „Also persönliches Social Media nutzen, da wäre ich sehr vorsichtig mit Storytelling. Wenn Führungskräfte Storytelling bewusst in diesen / da wäre ich sehr vorsichtig damit. Das kann einem schnell um die Ohren hauen." E3, 2022, Z. 699–701.
	DD3. „Aber bei Führungskräften, wenn ich sage ‚Ah, ich mache Storytelling auf LinkedIn' da wäre ich vorsichtig. Da würde ich sagen ‚Mache mal lieber ein Fallbeispiel' oder so." (E3, 2022, Z. 710–712)
DE. Vortragsweise	DE1. „Stories brauchen dann auch mal eine Pause, einen Punkt und Luftholen […]" E1, 2022, Z. 175.
	DE2. „Wenn man eine schlechte Story erzählt oder auch eine gute Story schlecht erzählt, dann geht der Schuss gewaltig nach hinten los. Das ist das Risiko beim Storytelling." E7, 2022, Z. 276–278.
DF. Interaktion	DF1. „Das ist sicherlich das Allerwichtigste bei jeglicher Form des Storytellings wird vollkommen unterschätzt, meiner Meinung nach, der aktive Teil der Empfänger." E5, 2022, Z. 104–106.
DG. Erwartungs-management	DG1. „[…] ich glaube auch, dass diese älteren Mitarbeiter, die werden wahrscheinlich erst mal überfordert sein, wenn es heißt ‚Nicht erzähle mal, aber mache mal Storytelling'. Da werden sie fragen ‚What?' Also das ist ja eigentlich ‚Erzähle mal, wie du es gemacht hast'." E3, 2022, Z. 526–530.
	DG2. „Ich denke, erste Herausforderung ist, dieses Storytelling zu definieren. Ich denke, für viele Leute ist es auf jeden Fall nicht leicht zu definieren." E4, 2022, Z. 119–120.
DH. Komplexität	DH1. „Und die Story erzeugt eigentlich mehr Komplexität. Und dann wird gesagt ‚Ja, aber das sind ja dann so viele Assoziationsfelder, die die aufmachen.'" E2, 2022, Z. 513–515.
16. Thema: Grenzen des Leadership Storytellings	
DI. Formate	DI1. „Also alleine in so einem Format wie Zoom/Teams, da funktioniert nur ganz schwer dieses komplexe Erzählen. Storytelling kommt auch an seine Grenzen." E3, 2022, Z. 340–342.
DJ. Unternehmen	DJ1. „Je nachdem für welches Unternehmen ich arbeite, habe ich natürlich ganz andere Möglichkeiten Stories zu erzählen." E7, 2022, Z. 80–81.

DK. Hierarchien	DK1. „Das ist für mich die wichtigste Funktion und in streng hierarchisch organisierten Unternehmen da kann ich von oben Sachen durchdrücken. Ob der Mitarbeiter unten will oder nicht, ist dann wurscht. So in selbstorganisierten Teams muss ich ja gucken ‚Wie schaffe ich es, die Leute zusammenzuhalten, dass sie wirklich gemeinsam arbeiten, dass sie füreinander einstehen, wenn mal jemand ausfällt?' – dass sie stark motiviert sind." E7, 2022, Z. 124–129.
DL. Persönlichkeit	DL1. „Aber es fehlte halt das, wie soll man sagen, also das innere Gerüst dafür. Bei anderen funktioniert das wunderbar und Sie hören den gebannt zu und nehmen das mit, was der, sagen wir mal, ernste Kern der Story ist." E5, 2022, Z. 170–173.
DM. Sensemaking	DM1. „Und dann würde ich sagen, liegt es immer noch hoffentlich bei jedem Mitarbeiter selbst zu entscheiden, ob er sich quasi beeinflussen lassen möchte […]" E1, 2022, Z. 19–21.
Dimension: Nachvollziehbarkeit von Veränderungen	
17. Thema: Impact	
DN. Wirkung	DN1. „Das kann man da sehr gut erklären, aber das wird in anderen Ratgebern, soweit ich es gesehen habe, nie erklärt, wie denn der Funktionsmechanismus dahinter aussieht. Das heißt, meist ist es dann sehr plotorientiert, sehr handlungsorientiert, was eben die kognitive Ebene anspricht und die meisten Stories werden eben so entwickelt. Und dann erzählt jemand so eine Story, aber die hat überhaupt keinen emotionalen Impact, weil er eben nicht weiß, wie er den emotionalen Impact erreichen kann." E7, 2022, Z. 557–563.
18. Thema: Messbarkeit	
DO. Maßstab für Veränderungen	DO1. „Und der dritte entscheidende Aspekt ist, dass man das überhaupt irgendwie messbar macht […]. Ist ja schön und gut, dass es das gibt. Aber wie wollen Sie dann wirklich belegen, also das müssen Sie sich überlegen, das kann man ja, aber das ist eine ganz wichtige Überlegung – ‚Wie wollen wir die Veränderung beweisen?'" E5, 2022, Z. 293–298.

Quelle: Eigene Darstellung.

Literaturverzeichnis

Ancona, D. (2012): „Sensemaking. Framing and Acting in the Unknown. Knowing, Doing, and Being", in: Snook, S./Nohria, N./Khurana, R. (Hrsg.): The Handbook for Teaching Leadership, Los Angeles: Sage, S. 3–19.

Ancona, D. (2005): „Leadership in an Age of Uncertainty", online unter: https://web.mit.edu/curhan/www/docs/Articles/15341_Readings/Leadership/Ancona_LeadershipinanAgeof Uncertainty-researchbrief.pdf, abgerufen am 29.09.2021.

Appelbaum, S. H./*Habashy*, S./*Malo*, J.-L./*Shafiq*, H. (2012): „Back to the future: revisiting Kotter's 1996 change model", in: Journal of Management Development, Vol. 31, No. 8, S. 764–782.

Aristoteles (o. J.): Metaphysik, entstanden zwischen 348 und 322 v. Chr., Erstdruck 1498, VII 17, 1041b, Venedig: o. V.

Atteslander, P. (1984): Methoden der empirischen Sozialforschung. Berlin: de Gruyter.

Auvinen, T. P./*Lämsä*, A.-M./*Sintonen*, T./*Takala*, T. (2012): „Leadership Manipulation and Ethics in Storytelling", in: Journal of Business Ethics, Vol. 116, No. 2, S. 415–431.

Bailenson, J. N. (2021): „Nonverbal Overload: A Theoretical Argument for the Causes of Zoom Fatigue", in: Technology, Mind, and Behavior, Vol. 2, No. 1, S. 1–6.

Balogun, J./*Johnson*, G. (2005): „From intended strategies to unintended outcomes: The impact of change recipient", in: Organization Studies, Vol. 26, No. 11, S. 1573–1601.

Barber, H. F. (1992): „Developing Strategic Leadership. The US Army War College Experience", in: Journal of Management Development, Vol. 11, No. 6, S. 4–12.

Basbøll, T. (2012): „What Makes Organization? Any Old Map Won't Do: Improving the Credibility of Storytelling in Sensemaking Scholarship", WMO Working Paper Series No. 4, online unter: https://www.cbs.dk/files/cbs.dk/o._4._thomas_basboll_any_old_map_wont_do_improving_the_credibility_of_storytelling_in_sensemaking_scholarship_2012.pdf, abgerufen am 14.04.2022, S. 1–28.

Bass, B. M./*Avolio*, B. J. (1994): „Introduction", in: Bass, B. M./Avolio, B. J. (Hrsg.): Improving organizational effectiveness through transformational leadership, Thousand Oaks: Sage, S. 1–9.

Benhabib, S. (1999): „Sexual difference and collective identities: The new global constellation", in: Journal of Women in Culture and Society, Vol. 24, No. 2, S. 335–361.

Bettis, R. A./*Prahalad*, C. K. (1995): „The dominant logic: Retrospective and extension", in: Strategic Management Journal, Vol. 16, No. 1, S. 5–14.

Bird, S. (2007): „Sensemaking and Identity: The Interconnection of Storytelling and Networking in a Women's Group of a Large Corporation", in: Journal of Business Communication, Vol. 44, No. 4, S. 311–339.

Boal, K. B./*Schultz*, P. L. (2007): „Storytelling, time, and evolution: The role of strategic leadership in complex adaptive systems", in: The Leadership Quarterly, Vol. 18, No. 4, S. 1–428.

Bogner, W. C./*Barr*, P. S. (2000): „Making sense in hypercompetitive environments: A cognitive explanation for the persistence of high velocity competition", in: Organization Science, Vol. 11, No. 2, S. 212–226.

Boje, D. M. (2008): Storytelling Organizations, Los Angeles: Sage.

Boje, D. M. (2001): Narrative Methods for Organizational & Communication Research, London/Thousand Oaks/New Delhi: SAGE.

Boje, D. M. (1995): „Stories of the storytelling organization: A postmodern analysis of Disney as ‚Tamara-Land'", in: Academy of Management Journal, Vol. 38, No. 4, S. 997–1035.

Boje, D. M. (1991a): „Consulting and change in the storytelling organisation", in: Journal of Organizational Change Management, Vol. 4, No. 3, S. 7–17.

Boje, D. M. (1991b): „The storytelling organization: A study of story performance in an office-supply firm", in: Administrative Science Quarterly, Vol. 36, No. 1, S. 106–126.

Brosius, H.-B./*Haas*, A./*Koschel*, F. (2012): Methoden der empirischen Kommunikationsforschung: Eine Einführung, 6. Auflage, Wiesbaden: Springer VS.

Buhmann, J./*Walf*, J./*Nachtwei*, J. (2019): „Change Management – ein Überblick aus wirtschaftspsychologischer Perspektive", in: Laske, S./Orthey, A./Schmid, M. J. (Hrsg.): Personal Entwickeln, 245. Erg.-Lfg., September 2019, S. 1–31.

Burke, K. (1945): A Grammar of Motives. Berkeley: University of California Press.

Clevis (o. J.): „Leader vs. Manager: Was ist der genaue Unterschied?", online unter: https://www.clevis.de/ratgeber/leader-vs-manager/, abgerufen am 29.09.2021.

Collison, C./*Mackenzie*, A. (1999): „The power of story in organisations", in: Journal of Workplace Learning, Vol. 11, No. 1, S. 38–40.

Cross, R./*Gardner*, H. K./*Crocker*, A. (2021): „For an Agile Transformation, Choose the Right People", in: Harvard Business Review, Vol. 99, No. 2, S. 60–69.

Czarniawska, B. (2004): Narratives in social science research. Thousand Oaks: Sage.

Dacin, M. T./*Munir*, K./*Tracey*, P. (2010): „Formal dining at Cambridge Colleges: Linking ritual performance and institutional maintenance", in: Academy of Management Journal, Vol. 53, No. 6, S. 1393–1418.

Denning, S. (2021): „Effective storytelling: leadership's magic motivational methodology", in: Strategy & Leadership, Vol. 49, No. 3, S. 26–31.

Denning, S. (2005): The Leader's Guide to Storytelling. Mastering the Art and Discipline of Business Narrative, New York: John Wiley & Sons.

Döring, N./*Bortz*, J. (2016): Forschungsmethoden und Evaluation in den Sozial- und Humanwissenschaften, 5. Auflage, Berlin/Heidelberg: Springer.

Experte 1 (2022): Selbstständige Kommunikationsberaterin, Interview am 17.01.2022, 13.00 Uhr via *Zoom*.

Experte 1 (o. J.): „Berufliche Social Media Website des Experten" (Quelle anonymisiert), abgerufen am 20.02.2022.

Experte 2 (2022): Studiengangsleiter, Interview am 17.01.2022, 17.00 Uhr via *Zoom*.

Experte 2 (o. J.): „Berufliche Social Media Website des Experten" (Quelle anonymisiert), abgerufen am 20.02.2022.

Experte 3 (2022): Selbstständige Kommunikationsberaterin und Autorin, Interview am 18.01.2022, 9.00 Uhr via *Zoom*.

Experte 3 (o. J.): „Berufliche Social Media Website des Experten" (Quelle anonymisiert), abgerufen am 20.02.2022.

Experte 4 (2022): Selbstständige Change- und Consultingberaterin, Interview am 19.01.2022, 10.30 Uhr via *Zoom*.

Experte 4 (o. J.): „Berufliche Social Media Website des Experten" (Quelle anonymisiert), abgerufen am 20.02.2022.

Experte 5 (2022): Seniorlektor, Interview am 20.01.2022, 10.00 Uhr via *Zoom*.

Experte 5 (o. J.): „Berufliche Social Media Website des Experten" (Quelle anonymisiert), abgerufen am 20.02.2022.

Experte 6 (2022): Professor, Interview am 25.01.2022, 10.00 Uhr via *Zoom*.

Experte 6 (o. J.): „Berufliche Social Media Website des Experten" (Quelle anonymisiert), abgerufen am 20.02.2022.

Experte 7 (2022): Selbstständiger Kommunikationsberater, Autor und Dramaturg, Interview am 27.01.2022, 10.00 Uhr via *Zoom*.

Experte 7 (o. J.): „Berufliche Social Media Website des Experten" (Quelle anonymisiert), abgerufen am 20.02.2022.

Fisher, W. R. (1984): „Narration as a human communication paradigm: The case of public moral argument", in: Communication Monographs, Vol. 51, No. 1, S. 1–22.

Flory, M./*Iglesias*, O. (2010): „Once upon a time", in: Journal of Organizational Change Management, Vol. 23, No. 2, S. 113–119.

Fog, K./*Budtz*, C./*Munch*, P./*Planchette*, S. (2010): Storytelling. Branding in Practice, 2. Auflage, Heidelberg: Springer.

Forster, N./*Cebis*, M./*Majteles*, S./*Mathur*, A./*Morgan*, R./*Preuss*, J./*Tiwari*, V./*Wilkinson*, D. (1999): „The role of story-telling in organizational leadership", in: Leadership & Organization Development Journal, Vol. 20, No. 1, S. 11–17.

Frenzel, K./*E6*, M./*Sottong*, H. (2006): Storytelling. Das Praxisbuch. München: Carl Hanser.

Gerstner, L. (1995): „IBM Press Conference Upon the Purchase of Lotus", 05.06.1995, o. O.

Gilley, A./*McMillan*, H. S./*Gilley*, J. W. (2009): „Organizational change and characteristics of leadership effectiveness", in: Journal of Leadership & Organizational Studies, Vol. 16, No. 1, S. 18–47.

Gläser, J./*Laudel*, G. (2010): Experteninterviews und qualitative Inhaltsanalyse, 4. Auflage, Wiesbaden: VS Verlag.

Goethe, J. W. von (1819): West-östlicher Divan. Stuttgart: Cotta.

Goleman, D./*Boyatzis*, R./*McKee*, A. (2003): Emotionale Führung, Berlin: Ullstein.

Gottlieb, S. (2015): Hitchcock on Hitchcock. Selected writings and interviews, 2. Auflage, London: Faber and Faber.

Hamelin, N./*Thaichon*, P./*Abraham*, C./*Driver*, N./*Lipscombe*, J./*Naik*, M./*Pillai*, J. (2020): „Storytelling, the scale of persuasion and retention: A neuromarketing approach", in: Journal of Retailing and Consumer Services, Vol. 55, No. 3, S. 1–8.

Harringer, C./*Maier*, H. (2009): „‚Organizational Storytelling' – narrative Dimension in der Unternehmenskommunikation", online unter: http://symbiosis.co.at/fileadmin/user_upload/pdfs/Handbuch_KommManagement_Harringer_Maier.pdf, abgerufen am 29.09.2021, S. 1–34.

Harris, J./*Barnes*, B. K. (2006): „Leadership storytelling", in: Industrial and Commercial Training, Vol. 38, No. 7, S. 350–353.

Haufe (o. J.): „Personalcontrolling: Erfolgsindikatoren des Humankapital ... / 5.2 Gestaltungsfelder mit Wissensmanagement", online unter: https://www.haufe.de/personal/haufe-personal-office-platin/personalcontrolling-erfolgsindikatoren-des-humankapital-52-gestaltungsfelder-mit-wissensmanagement_idesk_PI42323_HI1754852.html, abgerufen am 17.04.2022.

Heifetz, R./*Grashow*, A./*Linsky*, M. (2009): The Practice of Adaptive Leadership: Tools and Tactics for Changing Your Organization and the World, Boston: Harvard Business Press.

Higgs, M./*Rowland*, D. (2011): „What does it take to implement change successfully? A study of the behaviors of successful change leaders", in: Journal of Applied Behavioral Science, Vol. 47, No. 3, S. 309–335.

Hillmann, M. (2011): „Storytelling. Mit Geschichten Unternehmen gestalten", in: Hillmann, M. (Hrsg.): Das 1x1 der Unternehmenskommunikation. Ein Wegweiser für die Praxis, 2. Auflage, Wiesbaden: Springer Gabler, S. 63–73.

Hinterhuber, H. H./*Krauthammer*, E. (2015): Leadership – mehr als Management: Was Führungskräfte nicht delegieren dürfen, 5. Auflage, Wiesbaden: Gabler.

Hirsch-Kreinsen, H. (2013): „Einführung: Wechselwirkungen zwischen Qualitätsmanagement und Organisation", in: Hirsch-Kreinsen, H. (Hrsg.): Organisation und Mitarbeiter im TQM, Berlin/Heidelberg: Springer, S. 1–11.

Hitchcock, A. (1962): Interview mit François Truffaut, August 1962.

Hitchcock, A. (1945): Suspense Stories Collected by Alfred Hitchcock, New York: Dell.

Howanietz, A. (2022): „Teammeetings. Mit Geschichten begeistern", in: IHK Wirtschaftsforum. Unternehmermagazin für die Region FrankfurtRheinMain, 145. Jg., Heft 02/03.2022, S. 46–47.

Hubig, C./*Siemoneit*, O. (2007): „Vertrauen und Glaubwürdigkeit in der Unternehmenskommunikation", in: Piwinger, M./Zerfass, A. (Hrsg.): Handbuch Unternehmenskommunikation, Wiesbaden, Gabler/GWV, S. 171–188.

Irvine, A./*Drew*, P./*Sainsbury*, R. (2010): „Mode effects in qualitative interviews: a comparison of semi-structured face-to-face and telephone interviews using conversation analysis", Research Works, online unter: https://www.york.ac.uk/inst/spru/pubs/rworks/2010-03July. pdf, abgerufen am: 14.04.2022, S. 1–4.

Judge, T.A./*Piccolo*, R.F. (2004): „Transformational and Transactional Leadership: A Meta-Analytic Test of their Relative Validity", in: Journal of Applied Psychology, Vol. 89, No. 5, S. 755–768.

Kerns, C.D. (2015): „Results management: A core leadership dimension", in: Journal of Leadership, Accountability and Ethics, Vol. 12, No. 5, S. 9–23.

Kette, S. (2018): Unternehmen. Eine sehr kurze Einführung. Wiesbaden: Springer.

Kienzle, M./*Zerres*, C. (2016): Instrumente einer internen Unternehmenskommunikation, online unter: https://opus.hs-offenburg.de/frontdoor/deliver/index/docId/5033/file/ap_3_interne_ unternehmenskommunikation.pdf, abgerufen am 16.02.2022, S. 1–16.

Kiliç, F./*Okan*, E.Y. (2021): „Storytelling and narrative tools in award-winning advertisements in Turkey: an interdisciplinary approach", in: Journal of Marketing, Vol. 27, No. 8, S. 881–896.

King, M.L. (1963): Rede „I have a dream", 28.08.1963, Washington D.C.

Kleingarn, H. (1997): Change Management. Instrumentarium zur Gestaltung und Lenkung einer lernenden Organisationen, Wiesbaden: Springer.

Kolb, D.G. (2003): „Seeking Continuity Amidst Organizational Change: A Storytelling Approach", in: Journal of Management Inquiry, Vol. 12, No. 2, S. 180–183.

Köppe, T./*Kindt*, T. (2014): Erzähltheorie: Eine Einführung, Stuttgart: Reclam.

Kosara, R./*Mackinlay*, J. (2013): „Storytelling: The Next Step for Visualization", in: Computer, Vol. 46, No. 5, S. 44–50.

Kotter, J.P. (1995): „Leading Change: Why Transformation Efforts Fail", in: Harvard Business Review, Vol. 73, No. 2, S. 59–67.

Krüger, F. (2015): Corporate Storytelling. Theorie und Empirie narrativer Public Relations in der Unternehmenskommunikation, Wiesbaden: Springer VS.

Kruse, P. (2008): „Prof. Peter Kruse über Changemanagement", online unter: https://www. youtube.com/watch?v=FLFyoT7SJFs, Stand: 19.05.2008, abgerufen am 14.04.2022.

Lamnek, S. (2010): „Transkriptionsregeln", online unter: https://www.beltz.de/fileadmin/beltz/ downloads/OnlinematerialienPVU/Qualitative_Sozialforschung/Transkriptionsregeln.pdf, abgerufen am 18.02.2022.

Lauer, T. (2019): Change Management. Grundlagen und Erfolgsfaktoren, 3. Auflage, Berlin: Springer Gabler.

Lee, H./*Jahng*, M.R. (2020): „The Role of Storytelling in Crisis Communication: A Test of Crisis Severity, Crisis Responsibility, and Organizational Trust", in: Journalism & Mass Communication Quarterly, Vol. 97, No. 4, S. 1–22.

Lemaster, C. (2017): „Leading Change in Complex Systems: A Paradigm Shift", Dissertation, online unter: https://aura.antioch.edu/cgi/viewcontent.cgi?article=1379&context=etds, abgerufen am 14.04.2022, S. 1–225.

Loebbert, M. (2004): Storymanagement, Summary Nr. 213, Innsbruck: Business Bestseller.

Loosen, W. (2016): „Das Leitfadeninterview – eine unterschätzte Methode", in: Averbeck-Lietz, S./Meyen, M. (Hrsg.): Handbuch nicht standardisierte Methoden in der Kommunikationswissenschaft, Wiesbaden: Springer VS.

Louis, M. R. (1980): „Surprise and sense-making: What newcomers experience when entering unfamiliar organizational settings", in: Administrative Science Quarterly, Vol. 25, No. 2, S. 225–251.

Lutschewitz, C. (2020): Storytelling und Leadership: Inspirieren und motivieren durch Geschichten, Wiesbaden/Heidelberg: Springer Gabler.

Lutzke, J./*Henggeler*, M. F. (2009): „The Rhetorical Triangle: Understanding and Using Logos, Ethos und Pathos", online unter: https://www.lsu.edu/hss/english/files/university_writing_files/item35402.pdf, abgerufen am 10.04.2022.

Martínez, M./*Scheffel*, M. (2020): Einführung in die Erzähltheorie, 11. Auflage, München: C. H. Beck.

Mashup Communications (o. J.): „Von Hemingway bis TikTok: Micro-Stories damals und heute", online unter: https://www.mashup-communications.de/2020/06/micro-stories/, Stand: 09.06.2020, abgerufen am 16.02.2022.

Mast, C. (2019): „Interne Unternehmenskommunikation: Mitarbeiter und Führungskräfte informieren und motivieren", in: Zerfass, A. (Hrsg.): Handbuch Unternehmenskommunikation, Wiesbaden: Springer Fachmedien, S. 1–21.

McKee, R./*Fryer*, B. (2003): „Storytelling that moves People: A conversation with screenwriting coach Robert McKee", in: Harvard Business Review, Vol. 81, No. 6, S. 51–55.

McLellan, H. (2006): „Corporate storytelling perspectives", in: Journal for Quality and Participation, Vol. 29, No. 1, S. 17–20.

McWhinney, W./*Batista*, J. (1988): „How remythologizing can revitalize organizations", in: Organizational Dynamics, Vol. 17, No. 2, S. 46–58.

Meuser, M./*Nagel*, U. (2010): „Experteninterview", in: Bohnsack, R./Marotzki, W./Meuser, M. (Hrsg.): Hauptbegriffe Qualitativer Sozialforschung, 3. Auflage, Opladen/Farmington Hills: Barbara Budrich, S. 57–58.

Meuser, M./*Nagel*, U. (1991): „ExpertInneninterviews – vielfach erprobt, wenig bedacht: ein Beitrag zur qualitativen Methodendiskussion", in: Garz, D./Kraimer, K. (Hrsg.): Qualitativempirische Sozialforschung: Konzepte, Methoden, Analysen, Opladen: Westdeutscher, S. 441–471.

Mezias, J. M./*Starbuck*, W. H. (2003): „Managers and their inaccurate perceptions: Good, bad or inconsequential?", in: British Journal of Management, Vol. 14, No. 1, S. 3–19.

Mikkonen, K. (2017): The Narratology of comic art, New York/London: Routledge.

Mitroff, I. I./*Kilmann*, R. H. (1975): „Stories managers tell: A new tool for organizational problem solving", in: Management Review, Vol. 64, No. 7, S. 18–28.

Mládková, L. (2014): „Storytelling and Leadership of Managers", in: European Conference on Knowledge Management, Vol. 2, No. 1, S. 667–675.

Mládková, L. (2013): „Leadership and Storytelling", in: Procedia – Social and Behavioral Sciences, Vol. 75, No. 1, S. 83–90.

Mládková, L./*Jedinák*, P. (2009): Management, Plzeň: Aleš Čeněk.

Nymark, S. R. (2000): Organizational Storytelling. Creating Enduring Values in a High-Tech Company, Hinnerup: Ankerhus.

O'Brien, S. A. (2022): „The rise and fall of Elizabeth Holmes: A timeline", online unter: https://edition.cnn.com/2022/01/04/tech/elizabeth-holmes-rise-and-fall/index.html, Stand: 04.01.2022, abgerufen am 10.04.2022.

Onyeneke, G. B./*Abe*, T. (2021): „The effect of change leadership on employee attitudinal support for planned organizational change", in: Journal of Organizational Change Management, Vol. 34, No. 2, S. 403–415.

Pediaa (2016): „Difference between Suspense and Surprise", online unter: https://pediaa.com/difference-between-suspense-and-surprise/, Stand: 18.02.2016, abgerufen am 16.02.2022.

Pein, M. (2020): „Führen über Distanz. Effektive Kommunikation ist die größte Herausforderung", online unter: https://www.managerseminare.de/ms_Artikel/Fuehren-ueber-Distanz-Effektive-Kommunikation-ist-die-groesste-Herausforderung,278239, abgerufen am 10.04.2022.

Pelz, W. (2016): „Transformationale Führung – Forschungsstand und Umsetzung in der Praxis", in: von Au, C. (Hrsg.): Wirksame und nachhaltige Führungsansätze, Leadership und Angewandte Psychologie, Wiesbaden: Springer Fachmedien, S. 93–112.

Peters, T. (2017): „Trends in der Leadership-Forschung", in: Gadatsch, A./Krupp, A./Wiesehahn, A. (Hrsg.): Controlling und Leadership, Wiesbaden: Springer Gabler, S. 233–254.

Pons (2022a): Suchbegriff „Storytelling", online unter: https://de.pons.com/übersetzung/englisch-deutsch/storytelling, abgerufen am 16.02.2022.

Pons (2022b): Suchbegriff „Spannung", online unter: https://de.pons.com/übersetzung/englisch-deutsch/spannung, abgerufen am 16.02.2022.

Porter, L. W./*McLaughlin*, G. B. (2006): „Leadership and the organizational context: Like the weather?", in: The Leadership Quarterly, Vol. 17, No. 6, S. 559–576.

Prusak, L./*Groh*, K./*Denning*, S./*Brown*, J. S. (2012): Storytelling in organizations. New York, NY: Routledge.

Przyborski, A./*Wohlrab-Sahr*, M. (2014): „Qualitative Sozialforschung. Ein Arbeitsbuch", in: Mohr, A. (Hrsg.): Lehr- und Handbücher der Soziologie, 4. Auflage, München: Oldenbourg.

Reetz, A./*Köpp*, T. (2021): „Führen auf Distanz. Grundsätze für das Führen unter Pandemie-Bedingungen und in der Post-Corona-Arbeitswelt", in: Betriebspraxis & Arbeitsforschung, Zeitschrift für angewandte Arbeitswissenschaft, Ausgabe 242, Juni 2021, S. 45–46.

Rommerskirchen, J. (2019): „Unternehmenskommunikation in Zeiten der Digitalisierung", in: Journal für korporative Kommunikation, online unter: https://www.ssoar.info/ssoar/bitstream/handle/document/61973/ssoar-jkorpkomm-2019-1-rommerskirchen-Unternehmenskommunikation_in_Zeiten_der_Digitalisierung.pdf?sequence=1&isAllowed=y&lnkname=ssoar-jkorpkomm-2019-1-rommerskirchen-Unternehmenskommunikation, abgerufen am 15.04.2022, S. 55–63.

Rossetti, L./*Wall*, T. (2017): „The impact of story: measuring the impact of story for organisational change", in: Journal of Work-Applied Management, Vol. 9, No. 2, S. 170–184.

Salicru, S. (2018): „Storytelling as a leadership practice for sensemaking to drive change in times of turbulence and high velocity", in: Journal of Leadership, Accountability and Ethics, Vol. 15, No. 2, S. 130–140.

Salicru, S. (2017): Leadership results: How to create adaptive leaders and high-performing organisations for an uncertain world. Milton: John Wiley & Sons.

Sammer, P. (2019): What's your Story? Leadership Storytelling für Führungskräfte, Projektverantwortliche und alle, die etwas bewegen wollen, Heidelberg: O'Reilly.

Schmidt, B. (2011): „Transformationale und transaktionale Führung als erfolgreicher Führungsstil für Leistung und Gesundheit? Eine kritische Überprüfung des „Full Range of Leadership"-Konzeptes für das betriebliche Gesundheitsmanagement", online unter: https://eldorado.tu-dortmund.de/bitstream/2003/29392/1/Dissertation.pdf, abgerufen am 15.04.2022, S. 1–312.

Scholz, M. (2020): „Die neue Diskussion um den Sinn und Zweck von Unternehmen", in: Zeitschrift für Wirtschafts- und Unternehmensethik, Vol. 21, No. 1, S. 62–73.

Shamiyeh, M. (2014): „Discontinuous Change and Organizational Response: Exploring the Moderating Effects of Resources and Capabilities – the Case of Kodak", Dissertation, St. Gallen: University of St. Gallen.

Sidelinger, R. J./*Madlock*, P. E. (2021): „Humor at work: exploring supervisors' sarcasm, self-disparaging and vulgar language based humor, and verbal aggression", in: Communication Research Reports, Vol. 38, No. 5, S. 293–303.

Snowden, D. (2005): „The Art and science of story or ‚Are you sitting uncomfortably?'", online unter: https://cdn.cognitive-edge.com/wp-content/uploads/sites/2/2020/11/16123744/5-Art-of-Story-1-Gathering-and-Harvesting-v2-May05.pdf, abgerufen am 10.04.2022, S. 1–13.

Snowden, D. (1999): „Storytelling: an old skill in a new context", in: Business Information Review, Vol. 16, No. 1, S. 30–37.

Soin, K./*Scheytt*, T. (2006): „Making the Case for Narrative Methods in Cross-Cultural Organizational Research", in: Organizational Research Methods, Vol. 9, No. 1, S. 55–77.

Sonenshein, S. (2010): „We're Changing – Or are we? untangling the role of progressive, regressive, and stability narratives during strategic change implementation", in: Academy of Management Journal, Vol. 53, No. 3, S. 477–512.

Spiegel (2020): „Studie zu moralischen Entscheidungen, Würden Sie einen Menschen opfern, um fünf andere zu retten?", online unter: https://www.spiegel.de/wissenschaft/mensch/trolley-problem-wuerden-sie-einen-menschen-opfern-um-fuenf-andere-zu-retten-a-f7714fe4-a8c4-440c-989e-e7de9f669d04, abgerufen am 16.02.2022.

Srivastva, S./*Fry*, R. (1992): „Introduction: Continuity and Change or Organizational Life", in: Srivastva, S./Fry, R. (Hrsg.): Executive and organizational continuity: Managing the paradoxes of stability and change, San Francisco: Jossey-Bass, S. 1–24.

Stanzel, F. K. (1964): Bauformen des Romans, 8. Auflage, Göttingen: Vandenhoeck und Ruprecht.

Starbuck, W. H./*Milliken*, F. J. (1988): „Executives' perceptual filters: What they notice and how they make sense", in: Hambrick, D. C. (Hrsg): The executive effect: Concepts and methods for studying top managers, Greenwich: JAI Press, S. 35–65.

Steinberg, M. (o. J.): „Kennst du die 4 Elemente einer guten Geschichte?", online unter: https://du-bist-grossartig.de/kennst-du-die-4-elemente-einer-guten-geschichte/, abgerufen am 29.09.2021.

Stogdill, R. M. (1974): Handbook of leadership. New York: Free Press.

Stolzenberg, K./*Heberle*, K. (2006): Change Management, Veränderungsprozesse erfolgreich gestalten – Mitarbeiter mobilisieren, Heidelberg: Springer Medizin.

Strategisches Storytelling (o. J.): „Von Martin Luther King lernen: Analyse von ‚I have a dream'", online unter: https://www.strategisches-storytelling.de/von-martin-luther-king-lernen-analyse-von-i-have-a-dream/, abgerufen am 10.04.2022.

Sutherland, J. (2012): „Erzählung oder Geschichte", in: Sutherland, J. (Hrsg.): 50 Schlüsselideen Literatur, Heidelberg: Spektrum Akademischer Verlag, S. 28–31.

Swap, W./*Leonard*, D./*Shields*, M./*Abrams*, L. (2001): „Using mentoring and storytelling to transfer knowledge in the workplace", in: Journal of Management Information Systems, Vol. 18, No. 1, S. 95–114.

Takala, T./*Auvinen*, T. (2014): „Storytelling and ethics", in: Electronic Journal of Business Ethics and Organization Studies, Vol. 19, No. 1, S. 4–5.

Taylor, S. S./*Fisher*, D./*Dufresne*, R. L. (2002): „The Aesthetics of Management Storytelling: A Key to Organizational Learning", in: Management Learning, Vol. 33, No. 3, S. 313–330.

The Center of Government Innovation (2020): „Change Management Lesson 2: Building Awareness of the Change to Come", online unter: https://sao.wa.gov/change-management-lesson-2-building-awareness-of-the-change-to-come/, Stand: 14.01.2020, abgerufen am 10.04.2022.

Thier, K. (2010): Storytelling. Eine Methode für das Change-, Marken-, und Qualitäts- und Wissensmanagement, 2. Auflage, Berlin/Heidelberg/New York: Springer.

Thon, J.-N. (2016): Transmedial Narratology and Contemporary Media Culture, Lincoln/London: University of Nebraska.

Traeger, D. (2018): „Leadership Storytelling – Mit Stories führen", online unter: https://www.narratives-management.de/leadership-storytelling-mit-stories-fuehren/, Stand: 11.06.2018, abgerufen am 16.02.2022.

Truffaut, F. (1984): Hitchcock: The Definitive Study of Alfred Hitchcock by François Truffaut, New York: Simon & Schuster.

Van Wart, M. (2013): „Lessons from Leadership Theory and the Contemporary Challenges of Leaders", in: Public Administration Review, Vol. 73, No. 4, S. 553–565.

Waterman, R. H. (1990): Adhocracy: The power to change, Memphis: Whittle Direct Books.

Watts, L. L./*Ness*, A. M./*Steele*, L. M./*Mumford*, M. D. (2017): „Learning from stories of leadership: How reading about personalized and socialized politicians impacts performance on an ethical decision-making simulation", in: The Leadership Quarterly, Vol. 29, No. 2, S. 276–294.

Watts, L. L./*Steele*, L. M./*Mumford*, M. D. (2018): „Making sense of pragmatic and charismatic leadership stories: Effects on vision formation", in: The Leadership Quarterly, Vol. 30, No. 2, S. 243–259.

Weibler, J. (2016): Personalführung. München: Franz Vahlen.

Weick, K. E. (1995): Sensemaking in organizations, Thousand Oaks: Sage.

Weick, K. E. (1993): „The collapse of sensemaking in organizations: The Mann Gulch disaster", in: Administrative Science Quarterly, Vol. 38, No. 4, S. 628–652.

Weick, K. E./*Sutcliffe*, K. M./*Obstfeld*, D. (2005): „Organizing and the process of sensemaking", in: Organization Science, Vol. 16, No. 4, S. 409–421.

Wijetunge, P. (2012): „Organizational storytelling as a method of tacit-knowledge transfer: Case study from a Sri Lankan university", in: The International Information & Library Review, Vol. 44, No. 4, S. 212–223.

Wulff, J. (2000): „Alfred Hitchcock über Alfred Hitchcock: Eine Bibliographie der Texte und Interviews von Hitchcock. Zusammengestellt von Hans J. Wulff", online unter: https://berichte.derwulff.de/0041_03.pdf, abgerufen am 16.02.2022.

Zhang, C. (2020): „An Open Data Storytelling Framework for Organizational Knowledge Management", in: 17th International Conference on Intellectual Capital, Knowledge Management & Organisational Learning, ICICKM 2020, S. 415–420.

Zollinger, M. (2013): „Wir müssen noch emotionaler kommunizieren", Interview mit Guler, A., in: SKO Leader, Ausgabe 5, Oktober 2013, S. 6–7.

Sachwortverzeichnis

Ablauforganisation, *siehe* Organisation
Abstraktionsfähigkeit 7, 67, 92
Acht-Stufen-Modell, *siehe* Modelle
Affektive Geschichte, *siehe* Geschichte
Alltagsgeschichten, *siehe* Story
Amcor 37
Anekdoten 69, 99
Angst Story, *siehe* Story
Anti Story, *siehe* Story
Arbeitswelt 40, 74, 76, 83, 90–92, 98
Aristoteles 18, 46, 65
Attitude Change, *siehe* Changemanagement
Audienz, *siehe* Publikum
Aufbau einer Story 47–48
Aufbauorganisation, *siehe* Organisation
Aufmerksamkeit 79, 99
Authentizität 77, 104

Beginn einer Story 79, *siehe auch* Modelle → BME Retrospective Narrative
Behaviour Change, *siehe* Changemanagement
Belohnungssystem 23
Beobachtung 54
Betroffeneninterview 56, *siehe auch* Experten → Experteninterview
Bilanz 73–75
BME Retrospective Narrative, *siehe* Modelle
Botschaft, 44, 83–84, *siehe auch* Rhetorisches Dreieck
Brand Story, *siehe* Story

Change, *siehe* Changemanagement
Changemanagement
– Acht-Stufen-Modell, *siehe* Modelle
– Behaviour/Attitude Change 95
– Best Practice-Beispiel 37
– Change Awareness 74
– Change Leadership 30
– Change Signature 20
– Definition 28–30
– Forschungsstand 36–37
– Herausforderungen 108–109
– Potenziale 39–41, 68, 77
Charaktereigenschaften, *siehe* Tugenden
Charakteristik von Stories, *siehe* Geschichte → Merkmale
Charisma 20, 50, 75, 83, 103
Complexity Leadership, *siehe* Leadership
Consulting 34, 57, 59, 61, 74
Content, *siehe* Storytelling → Inhalt
Crafting, *siehe* Gestaltung

Denning, Stephen 41–44
Dramaturgie 75, 79, 105–106
Durchführung des Storytellings 77–79, 84, 101

Effektivität 24, 35, 75
Einprägsamkeit 66
Emotionalität, 38–39, 46, 48, 65–66, 74, 83, 92, 102
– Emotionale Führung, *siehe* Führung
– Emotionale Intelligenz, *siehe* Intelligenz
– Emotionale Kompetenz, *siehe* Kompetenz
Emotive-Ethical, *siehe* Modelle
Empathie 38, 75–76, 83, 94, 103, *siehe auch* Emotionalität
Equity Story, *siehe* Story
Erfahrungsgeschichte, *siehe* Geschichte
Erfolg, *siehe* Unternehmen → Unternehmenserfolg, *siehe* Führung → Führungserfolg
Erlernbarkeit 49, 75–76, 98
Erzählung 35–36, 39–41, 47, 108, *siehe auch* Story → Anti Story
– Erzählparadigma 39–41, 100
– Erzählperspektive 40
– Erzählsituation, auktoriale 40
– Erzähltheorie 39–41
– Erzählweise, berichtende 40
Ethos, *siehe* Rhetorisches Dreieck
Experten 55, 59
– Expertenauswahl 56–57

- Experteninterview 54–55
- Expertenvorstellung 60–61

Fachsprache 103
Fiktion 53, 95
Follower Involvement, *siehe* Involvement
Forschungsmethodik, 54–55
Fragmented Retrospective Narrative, *siehe* Modell
Führung 18–20
- Definition 18–20
- Emotionale Führung 38
- Forschungsstand 33–34
- Führungserfolg 19, 25–26, 33–34
- Führungsfähigkeiten, *siehe* Sensemaking, *siehe* Relating, *siehe* Visioning, *siehe* Inventing
- Führungskompetenz 76
- Führungskraft 19, 33, 35
- Transaktionale Führung 33, 38
- Transformationale Führung 33, 38, 50

Gegenleistung 33
Gerstner, Lou 41–42, 74
Geschichte, *siehe* Story
Gestaltung, durchdachte 67, 82, 101, *siehe auch* Prinzipien → Vier Prinzipien einer guten Geschichte
Glaubwürdigkeit 24, 28, 33, 35–36, 65, 67
Goethe, Johann Wolfgang von 41
Great Man Leadership Theorie, *siehe* Theorien
Groß- und mittelständische Unternehmen 17, 54, 56, 102
Große Depression 15, 40
Grundelemente einer Geschichte, *siehe* Geschichte

Handlung 41, 44, 47, 66, 83, 103–104, 112
Held 21, 44, 66, 94
Heldenreise 79, 105
Herausforderungen des Storytellings, *siehe* Storytelling
Hierarchie 29, 71, 77–78, 84, 112
High Potentials 75
Hitchcock, Alfred, *siehe* Spannung, *siehe* Spannungsbogen
Holmes, Elizabeth 78

Humanisierung 67

IBM 41
Identifikation 68, 84, 94, 102
Identität, Soziale 22, 66, 68, 76, 80, 83, 93–95
Illusion 40, 42–44, 49, *siehe auch* Kontrollillusion
Impact, *siehe* Emotionalität, *siehe* Paradoxe Intervention, *siehe* Storytelling → Wirkung, *siehe* Sensemaking → Wirkung
Informationsgehalt 93
Inhaltsanalyse 54
Insight 66, 93
Inspiring Leadership, *siehe* Leadership
Intelligenz, emotionale 38, 52
Interpretation 22, 27, 34 67, *siehe auch* Sensemaking
Interview, *siehe* Experten → Experteninterview
Interviewleitfaden 57–58, 86–87
Inventing 20, 26
Involvement 51

Jobs, Steve 78

Kahnemann, Daniel 108
King, Martin Luther 24, 39
Klassischer Spannungsbogen, *siehe* Spannungsbogen
Kodak 36–37
Kognitive Geschichte, *siehe* Geschichte
Kollektive Story, *siehe* Story
Kontinuierlicher Veränderungsprozess, *siehe* Veränderung
Kommunikation
- Krisenkommunikation 25–28, 40, 52, 96
- Unternehmensinterne Kommunikation 27–28, 35
- Unternehmenskommunikation 69, 75–76, 96, 110
Kompetenz
- Emotionale Kompetenz 38, 76
- Problemlösungskompetenz 25
Komplexität 111, *siehe auch* Leadership → Complexity Leadership
Konflikt 44, 66, 68, 73, 76, 78, 93, 100
Kontextualisierung 55, 79, 81, 105, 107
Kontrollillusion 71, 108

Sachwortverzeichnis

Kreativität 51, 71, 109–110
Krise 15, 25, 27–30, 36, 40, 52, 96
Krisenkommunikation, *siehe* Kommunikation

Leader, *siehe* Führungskraft
Leadership, *siehe* Führung
- Complexity Leadership 38, *siehe auch* Komplexität
- Inspiring Leadership 98

Leistung 33, 68, 76, 83, 91, *siehe auch* High Potentials
Leitfaden, *siehe* Interviewleitfaden
Lernende Organisation, *siehe* Organisation
Lessing, Gotthold Ephraim, *siehe* Spannungsbogen
Live-Komponente 63, 66
Loewe 36
Logik 65, *siehe auch* Steigerungslogik
Logos, *siehe* Rhetorisches Dreieck, *siehe* Logik

Management by walking-around 28
Marketingstrategie, *siehe* Strategie
Maurer 31–32
Measuring, *siehe* Messbarkeit des Storytelling-Erfolgs
Mehrdeutigkeit 35
Mehrwert 18, 66
Mentoring 25, 51
Merkfähigkeit von Stories 21, 23, 34, 44, 68, 91
Merkmale, *siehe* Storytelling
Messbarkeit des Storytelling-Erfolgs, *siehe* Paradoxe Intervention
Metathema 71, 78, 84, 108
Methodik, *siehe* Forschungsmethodik
Micro Story, *siehe* Story
Minimalismus 24, 67
Mitarbeiter 68, 74–75, 83
Mitarbeiterbeeinflussung, *siehe* Paradoxe Intervention
Mitarbeitermotivation 93
Mitarbeiterzufriedenheit 76
Mittelständische Unternehmen, *siehe* Groß- und mittelständische Unternehmen
Modelle
- Acht-Stufen-Modell 49–50, 79–80, 85,
- BME Retrospective Narrative 41, 46–48

- Emotive-Ethical 48
- Fragmented Retrospective Narrative 47–48
- Narrative Paradigm Theory 39–41
- Tamara 48

Motivation, *siehe* Mitarbeitermotivation
Multisensualität 23, *siehe auch* Sinne

Narrativ 39, 65–66, 77
Narrative Paradigm Theory, *siehe* Theorien
Narrativer Prozess 27
Neuheit, *siehe* Viralkraft
New Work 69, 74, 84, 95, 97

Online-Formate 64, 74, 111
Ordnungsmuster 28
Organisation
- Aufbau- und Ablauforganisation 29
- Lernende Organisation 28–29

Paradoxe Intervention 67, 71, 81–82, 110
Pathos, *siehe* Rhetorisches Dreieck
Perfektion 24, 43
Performing, *siehe* Durchführung des Storytellings
Phanta Rhei 28
Plausibilität 16–17, 25, 27, 36
Plot, *siehe* Handlung
Poetik 46–47
Positivität, *siehe* Sehnsucht Story
Potenziale des Storytellings, *siehe* Storytelling
PowerPoint 103
Präsentationsart, *siehe* Storytelling
Prinzipien
- Prinzip der Wahrheit 43, *siehe auch* Wahrheit
- Prinzipien der transformationalen Führung 50–51
- Vier Prinzipien einer guten Geschichte 41

Problemlösungskompetenz, *siehe* Kompetenz
Professionalisierung 69, 79, 82, 100
Protagonist, *siehe* Held
Publikum 43–44, 65, 79, 110, *siehe auch* Zuhörer

Rationalisierung 50
Reason Why 74, 93

Rede 24, 39, 42, 72, 106, 110
Redner 42, 60–61, 74, *siehe auch* Rede
Relating 19–20, 26
Relevanz 98
Resonanz 44, 66, 71, 105, 108
Restrukturierung einer Organisation 25
Revolution 39
Rhetorik 63, 97, 99
Rhetorisches Dreieck 65

Sachverstand 71, 78, 84, 106
Sehnsucht Story, *siehe* Story
Selbsteinschätzung 67, 70, 102
Selbstvertrauen 34, 105, *siehe auch* Vertrauen
Sensemaking
– Beispiele 26, 31–32
– Definition 25–26
– Story Sensemaking 46–48
– Story Sensemaking Typen 46–48
– Wirkung 51, 68, 71, 73–74, 94–95, 112
Shared Vision 50–51, *siehe auch* Visioning
Sharp 36
Sherpa 26
Sinne 23, 27, 34, 46
Sinnfindung, *siehe* Sensemaking
Six Sigma 110
Social Capital 28
Soziale Währung 27–28, 66, 76
Sozialisierung neuer Mitarbeiter 25
Spannung 44–46, 66, 84
Spannungsbogen 45–46, 79, 105–106
Special 44
Standpunktabgleich 67, 68, 74, 83, 94
Steigerungslogik 31
Story, *siehe auch* Storytelling
– Affektive Geschichte 34
– Alltagsgeschichten 98
– Angst Story 82
– Anti Story 35–36
– Brand Story 99
– Equity Story 92
– Erfahrungsgeschichte 21
– Grundelemente einer Geschichte 44
– Kognitive Geschichte 34
– Kollektive Story 37
– Merkmale 21–22, *siehe auch* Prinzipien
  → Vier Prinzipien einer guten Geschichte
– Micro Story 23

– Sehnsucht Story 82, 100
– Unterhaltungsgeschichte 24
Storylistening 64, 78
– Definition 61
– Herausforderungen 71, 107
– Potenziale 69, 98
Storytelling
– Anwendungsmöglichkeiten 25
– Corporate Storytelling 21
– Definition 20–24
– Forschungsstand 34–36
– Herausforderungen 70–71, 101–112
– Inhalt 23, 30, 39, 66, 101, 111
– Merkmale 21–22, 66–67
– Potenziale 68–69, 90–100
– Präsentationsart 67
– Storytelling Organization 15
– Storytelling Self 107
– Struktur, *siehe* Sensemaking → Story Sensemaking
– Tugenden 33, 70, 75, 102–105
– Wirkung 15
Strategie
– Marketingstrategie 77
– Strategieentwicklung 47, 95–96
– Unternehmensstrategie 27, 29, 93
Struktur einer Geschichte 60, 65–66, 79, 106
Subliminal 31
Surprise, *siehe* Überraschungsmoment
Suspense 45
Symbolische Wiedergeburt 95
Symbolischer Tod 95

Talent 69, 97
Tamara, *siehe* Modelle
Tennis 43
Theorien, *siehe auch* Prinzipien
– Great Man Leadership Theorie 33–34, 75
– Narrative Paradigm Theorie 39–41
Theranos, *siehe* Holmes, Elizabeth
Timing 66, 70, 84, 101, 106
Total Quality Management 50
Transaktionale Führung, *siehe* Führung → Transaktionale Führung
Transformation 66, 92, 100, *siehe auch* Führung → Transformationale Führung
Transformationale Führung, *siehe* Führung
Tugenden, *siehe* Storytelling

Überraschungsmoment 45–46, 66
Unsicherheit einer Person 43, 103
Unsicherheit einer Umgebung 16, 26, 28, 30, 36, 39, 51
Unterhaltungsgeschichte, *siehe* Geschichte
Unternehmen
- Unternehmenserfolg 77
- Unternehmensgröße 17, 101
- Unternehmenskultur 35, 49, 52, 70, 102
- Unternehmensstrategie, *siehe* Strategie

Veränderung
- Veränderungsbereitschaft 82, 94, 98, *siehe auch* Leadership → Inspiring Leadership
- Veränderungsmanagement, *siehe* Changemanagement
- Veränderungsprozess, kontinuierlicher 28–30, 37, 51
Vermenschlichung, *siehe* Humanisierung
Vertrauen 16, 23, 28, 33, *siehe auch* Selbstvertrauen
Viralkraft 66
Visioning 20, 26, 68
Vorbereitung für eine Story 43–44

Wahrheit 16, 41–42, 73
Walt Disney 15
Wandel
- Illusion des schnellen Wandels 49, *siehe auch* Kontrollillusion
- Situativer Wandel 48
- Struktureller Wandel 49, 74
- Unternehmenswandel 30, 36–37, 83
Wesensmerkmale einer Geschichte 101, *siehe auch* Prinzipien → Vier Prinzipien einer guten Geschichte, *siehe auch* Geschichte → Merkmale
Wir-Gefühl, *siehe* Zusammengehörigkeitsgefühl
Wirkung, *siehe* Emotionalität, *siehe* Paradoxe Intervention
Wissen
- Wissensextraktion 36
- Wissensvermittlung 25, 66, 91

Zielgruppenorientierung 67, 71, 81, 104, 109
Zoom Fatigue 72
Zuhörer 32, 35, 41–45, 67, 74, 78, 106, 109
Zusammengehörigkeitsgefühl 66, 68, 76, 93

Philipp Bunnenberg

Finanzmarktrisiken durch ETFs und Closet Indexing
Eine empirische Analyse des deutschen Aktienmarktes

Die Diskussion um angemessene Gebühren für aktives oder passives Fondsmanagement betrifft die Frage nach einer adäquaten Leistungsbewertung, einer risikoadjustierten Performancemessung als Grundlage für finanzielle Anreize von Fondsgesellschaften. Die Arbeit ist ein Beitrag zu einer grundlegenden Diskussion der Kapitalmarktforschung, dem messbaren Erfolg »aktiver versus passiver« Investmentstrategien.

Der Autor setzt sich kritisch mit den wesentlichen Anlagestrategien und Modellen für Indexprodukte auseinander, aber auch mit bekannten Studien zur Regulierungspraxis zwecks Eindämmung des Closet Indexing bei aktiv gemanagten Investmentfonds. Das Ergebnis dieser Forschungsarbeit wirft ein neues Licht auf Closet-Indexing-Aktivitäten der analysierten europäischen UCITS-Vehikel. Closet Indexing tritt nicht wie allgemein angenommen nur sporadisch auf, sondern ist eine weit verbreitete Anlagestrategie in vielen vermeintlich aktiv gemanagten Aktieninvestmentfonds.

Schriftenreihe Finanzierung und Banken, Band 32
zahlr. Tab. und Abb., 287 Seiten, 2022
978-3-89673-776-2, € 99,90
Titel auch als E-Book erhältlich.

Edition Wissenschaft & Praxis

Printed by Libri Plureos GmbH
in Hamburg, Germany